會友集
——余英時序文集

目次

下冊　外篇

外篇

郭成棠《陳獨秀與中國共產運動》序

——陳獨秀與激進思潮

郭成棠先生的《陳獨秀與中國共產運動》的英文版是一九七五年出版的。刊布以來，西方有關中國和亞洲的刊物中對此書頗多評介。無論評者是否完全接受著者的論點，但是他們眾口一辭，都讚許這是一部客觀、翔實、深入的研究之作。所以此書在西方已得到一致的肯定，不待多說。

最近十年，中國大陸採取了開放政策，學術界已不再視陳獨秀為禁忌。一九七九年初北京曾召開過一個包括陳獨秀在內的歷史人物討論會，一九八〇年底，又特別舉辦了陳獨秀問題討論會。一九八二年河南人民出版社刊布了《陳獨秀評論選稿》，其中收集許多會議中發表的回憶和評論文字。陳獨秀研究在大陸已基本上解禁了。但是由於中共四十年來和外面的世界完全隔絕了，大陸學人對於西方出版的英文著作往往不甚注意。直到最近幾年，其中才有人開始參考西方文獻，郭先生此書因此引起了大陸學人的重視。去年（一九七九）香港三聯書店出版了一部《五四：多元的反思》一書，其中顧昕的〈意識形態與烏托邦——試論陳獨秀的平民主義民主觀〉一文便承認郭先生在此書中關於陳獨秀反傳統主義的分析，是有啟發性的。我舉此最近的一例，以見此書的價值所在。現在郭先生將刊布此書的中譯本，我認為是非常適時的。去年臺北時報文化出版公司刊行了鄭學稼先生的遺著——《陳獨秀傳》上下兩厚冊，一千三百多頁，內容非常豐富。但是鄭著是純粹的傳記體裁，包括了著者與傳主的個人關係在內，因而無法完全避免主觀的好惡。郭著則是政治學和史學的客觀分析之作，與鄭著恰好相互補充。讀者取此兩書並觀，更可對陳獨秀的主觀世界和客觀世界獲得一平衡的瞭解。

承郭先生的好意，要我為此書中譯本寫一序言。我雖然感到榮幸，但也不免惶恐和慚愧。我對陳獨秀這位同鄉前輩從來沒有認真地研究過，實在不夠寫序的資格。但是陳獨秀確是中國現代史上的關鍵人物之一，我對於他的歷史地位也一直在思索之中，總覺有許多話可說，而又苦於非一言所能盡，因為他的情況過於複雜，任何簡單的論斷都是站不穩的。正如郭先生在此書中所指出的，陳獨秀是中國現代許多革命運動的一個原動力，然而他自己最後卻為繼漲增高的革命浪潮摧毀了。所以他是一個不折不扣的革命悲劇的英雄。歷史上的悲劇人物往往會引起後人的同情，我對於陳獨秀的一生也是很同情的。抗日戰爭期間，我在安徽灊山縣的故鄉整整住了八年，便曾聽到過有關陳獨秀的一些故事。他是懷寧人，和灊山是鄰縣，他的事迹是很容易流傳到我的鄉間的。其中之一是他曾在安慶的一次莊嚴集會中為人題字，寫下了「父母有好色之心，無得子之意」兩句話，並署名為「共產黨陳獨秀」，使舉座為之騷動。這個傳說是否可信，我不敢說，不過大致反映了他「打倒孔家店」的激烈態度。我聽到這個故事時大約才十一、二歲，但印象非常深刻，故至今不忘。這兩句話自然是王充的說法的現代翻版，章太炎、胡適之都先後引述過，在一九二〇年以後已算不得很新鮮了。但是在我住過了八年的灊山鄉間，一直到四十年代中期，思想還是十分閉塞的，和清代末葉大概仍沒有什麼不同。傳述者是要說明陳獨秀的「離經叛道」，聽眾也覺得這真是「大逆不道」的話，包括我這個年幼的聽者在內。這個故事可以說明當時中國思想的狀態：「五四」儘管已經歷了二十多年，但所謂新思潮仍然浮在大城市的知識分子的層面，並沒有打進廣大的農村，連陳獨秀的故鄉及其鄰縣的人也都不理解他的「革命思想」。陳獨秀的悲劇的根源，一部分便潛伏在這裏。試想在絕大多數的人對王充都是那樣陌生的情況下，我們怎麼能希望他們接受馬克思呢？

我曾在別處討論過，自清末以來，一部中國思想史其實是一個不斷激化的過程，而陳獨秀則在每一個激化的新階段中都扮演著領導的地位。他參加過同盟會，是「五四」思想運動的大領袖，最後更是中國共產黨的創建人。康有為在維新時代正式提出了「全變」、「速變」的概念，陳獨秀可以說是這一觀念的最徹底的實踐者。在他接受了馬克思主義之後，他不但要全面改造中國，而且更投身於世界革命了。儘管從表面上看，他是中國近代激進思潮的一個重要的推動者，但深一層看，他本人也捲在激進的浪潮之中，而身不由己。所以嚴格地說，他也祇是一個「弄潮兒」而已。這個「潮」的本身則是由中國近代史上許多客觀和主觀的力量共同造成的，這裏無法詳細分析。

激進思潮祇是知識分子的事，但是思想落實到行動的層面便直接影響到整個中國的命運了。在中國近代史上，知識分子的思想每激化一步，他們的改造方案也跟著更徹底一步。至共產主義運動而登峰造極。這一發展雖然在激進知識分子看來好像是順理成章的事，但是和中國的社會現實之間卻距離愈來愈遠。我們今天重讀陳獨秀在被開除黨籍前後和他的政敵關於中國社會性質的爭論，真不能不感到雙方都在變名詞的戲法，和中國的實際情況簡直是風馬牛不相及。當時的共產黨人，無論是史達林派或托洛斯基派，都奉馬列主義為絕對真理。他們通過馬列主義的一套概念架構來分析國際形勢和中國的社會、政治力量，並依之而擬定革命行動的綱領。在六、七十年後的今天，共產主義經過了大實驗之後已面臨全面的崩潰。我們自然能看清楚所謂「絕對真理」其實正是馬克思所說的「假意識」。但當時中國的激進知識分子是無法理解到這一步的，因為他們正陶醉在「找到了真理」的氣氛之中。陳獨秀的思想在他的故鄉都得不到同情，這是最根本的一個原因。

但是在初期中國共產主義運動中，陳獨秀是最有獨立思考能力的一個人；他自始至終都對共產黨的教條流露出一種懷疑的態度，所以他雖然一度否定了「民主」的價值，但經過六、七年的「沉思熟慮」，終於徹悟到民主政治是近代文明的基礎。他抓住了民主的本質，因此才毫不遲疑地宣稱：「特別重要的是反對黨派之自由。」（〈我的根本意見〉，一九四〇年十一月二十八日）在我寫這篇序文時，蘇共中央委員會恰好初步接受了戈巴契夫的改革建議，決定採取多黨制。陳獨秀五十年前的預見已充分為歷史所肯定了。

嚴格地說，陳獨秀不能算是一個合格的思想家。通觀他的一生，他祇是一個從傳統過渡到現代的中國知識分子，因此相當典型地反映了中國近代思想界的變遷。他所承受的傳統主要是清末的「國學」，特別是文字訓詁之學。這一傳統在他退出政治舞臺之後又在他的生命中復活了。所以他在獄中的書架上，擺滿了經、史、子、集各方面的舊籍；而他鑽研最深的則是一部《說文》。他的晚年著述如《實菴字說》、《小學識字教本》、《文字新詮》等是比較有原創性的學術作品。在一般人的瞭解中，陳獨秀似乎是一個最徹底、最全面的反傳統的急先鋒，其實殊不盡然。他要「打倒孔家店」，是因為儒家為傳統的政治勢力所利用，已淪為歷代王朝的工具。他曾在獄中對朋友說：

每一封建王朝，都把孔子當作神聖供奉，信奉孔子是假，維護統治是真。……五四運動之時，我們提出「打倒孔家店」，就是這個道理。但在學術上，孔、孟言論，有值得研究之處，如民貴君輕之說，有教無類之說，都值得探討。（鄭學稼《陳獨秀傳》，頁九六〇引）

他和中國傳統有著千絲萬縷的關係，是不可能完全切斷的，而且他也從來沒有想切斷這種關係。他是文學革命的兩大主將之一，然而他在「詩」的問題上始終不曾完全跳出傳統。所以他一生都寫舊體詩，而且寫得很好。在這一點上，他和魯迅是同道，和胡適則是背道而馳。他在晚年仍堅決主張「青年人想寫詩，最好先讀《詩經》、《楚辭》、唐詩、宋詞，瞭解一些詩味，然後動筆」（同上，頁九六八引）。陳獨秀從來沒有和中國傳統全面決裂過。

陳獨秀的思想確是現代的；但是這種現代性大體限於「啟蒙」階段。民主和科學是他的終極關懷。他之所以歧入共產運動，除了現實的刺激之外，主要是誤信馬列主義為最新的「科學」論斷，「無產階級專政」為最新的「民主」。由於獨立思考的啟蒙精神始終未曾離他而去，因此他最初對於中國傳統的懷疑後來也同樣移用到對於馬列教條的上面。一九三六年「西安事變」後，他在獄中聽到南京全城放了一夜的爆竹，便不再相信當時「革命者」的分析，以為蔣介石的政權脆弱不堪。相反地，他斷定蔣有群眾基礎，至少南京的人民是相當擁護他的。在抗戰初期他也不相信共產黨人的論調，認定第二次世界大戰祇是帝國主義之間的戰爭。因此他公開盼望勝利屬於英、法、美等西方民主國家。他說：「此次若是德、俄勝利了，人類將更加黑暗至少半個世紀。」（一九四〇年給西流的信）此時歐戰已爆發，德國和蘇聯則簽訂了互不侵犯的條約，故陳獨秀如此云云。

啟蒙的現代精神一直埋在陳獨秀的心靈深處，在他脫黨之後這一精神很快地便復甦了。一九三二年十月十六日他在獄中給胡適寫信，希望胡氏寄些書給他看。在他所開的書目中，除了甲骨文、崔適《史記探源》等中國典籍外，還有英文版的亞當斯密《原富》和李嘉圖《經濟學與賦稅之原理》。英國古典經濟學是列寧所謂馬克思主義的三大源頭之一——其餘兩源是德國唯心哲學和法國的空想社會主義。陳獨秀現在單單選取了古典經濟學，這是很值得玩味的。他的一瓣心香始終屬於西方近代文化的主流——民主和科學。英國是近代民主的發源地，因此他特別重視馬克思主義的英國源頭。而亞當斯密的《原富》則正是啟蒙時代的思想結晶之一。他的啟蒙精神充分表現在晚年的一段自敘中。一九四一年一月十九日他在〈給S和H的信〉裏說：

弟自立論，喜根據歷史及現時之事變發展，而不喜空談主義，更不喜用前人之言為立論之前提。……近作〈根本意見〉（按：指〈我的根本意見〉），亦未涉及任何主義。第七條主張重新估計布爾什維克的理論及其領袖（列寧、托洛斯基都包含在內）之價值，乃根據蘇俄二十餘年的教訓，非擬以馬克思主義為尺度也。倘蘇俄立國的道理不差（成敗不必計），即不合乎馬克思主義又誰得而非之？「圈子」即是「教派」，「正統」等於中國宋儒所謂「道統」，此等素與弟口味不合，故而見得孔教道理有不對處，便反對孔教，見得第三國際道理有不對處，便反對它，對第四國際、第五國際、第……國際亦然，適之兄說弟是一個「終身的反對派」，實是如此。然非弟故意如此，乃事實迫我不得不如此也。

「五四」新思潮的中心意義，據胡適的詮釋，是在於尼采所謂重新估定一切價值，當時陳獨秀便曾持此態度批判了中國的孔教。但是二十年後他卻以同樣的態度對待「布爾什維克的理論及其領袖」了。更重要的是：在重新估定共產主義運動的價值時，他並不「以馬克思主義為尺度」，因為他「不喜用前人之言為立論之前提」，這是一種徹底的啟蒙精神，而貫穿在陳獨秀的全部思想生命中。像他這種啟蒙型的知識分子是決不可能長期見容於共產主義運動的，尤其不可能見容於後來的中國共產黨；他的命運注定是一個「終身的反對派」。

我們可以完全不贊成陳獨秀的思想，但是我們無法不承認他確是一個光明磊落的現代知識分子。他具有梁啟超所謂「不惜以今日之我與昨日之我戰」的精神。他是中國共產黨的創始人，但是在他看清了國際共產主義運動的本質以後，他不惜徹底與之決裂，他甚至不惜公開地宣布：他不再以馬克思主義的是非為是非。試想這需要多大的道德勇氣！四、五十年後的今天，我們也看到，中國和西方的許多知識分子對共產主義的嚮往幻滅了。但是他們往往要以種種的飾詞為自己的錯誤抉擇作辯解。有人說共產主義還是人類的唯一前途，不過現實中的共產政權都已背叛了共產主義的理想；有人企圖以早期馬克思的「人道主義」來挽救馬克思主義的破產；也有人想以現代科技與後期資本主義社會結構的合而為一來解釋馬克思的「革命」預言為什麼在西方不能實現。這一類的說法雖有粗糙與精巧之別，但其為飾詞則並無二致，都不過是要曲曲折折地繼續維持馬克思主義的「正統」地位而已。但是打穿後壁來看，他們祇是不肯認錯，不甘心承認他們獻身一輩子的共產主義運動其實祇是害了一場「左傾幼稚病」！這些人和陳獨秀的光明磊落相對照，無論在認知態度上或道德勇氣上，豈能不羞愧欲死！

由於陳獨秀是一個光明磊落的現代知識分子，他在實際政治活動中的失敗也是一開始便注定了的。以毛澤東為首的中國共產黨是一個現代化流寇集團；流寇是最不能容忍書生的。所以毛澤東常常告誡他的幹部：不可有十足的書生氣。而毛澤東從湖南第一師範的早期到「文革」的晚年，都一直自負有「虎氣」和「猴氣」，又說在此二氣之中，「虎氣」是主，「猴氣」是從。「虎氣」即是凶悍的「惡霸之氣」，「猴氣」則是機詐的「流氓之氣」。用傳統的說法，這是「世路上英雄」或「光棍」的基本氣質。祇有這樣的人才能在中國史上走「成王敗寇」的路。毛澤東所領導的流寇集團不幸竟成功了，這才建立了一個徹底反文化、反知識的「光棍王朝」。這個王朝不但對「書生」抱有自卑而又自大的複雜心理，而且也根本與農民、工人階級的利益背道而馳。陳獨秀正是一個十足的書生，他如何能立足於流寇集團？所以早在北伐時期，便有陳獨秀認為湖南農運「過火」的傳說；在抗戰時期，他曾稱「紅軍」為「土匪」，又說毛澤東「是一個農運中的實際工作人員，政治水平則甚低」（一九四二年一月六日致鄭學稼的信）。他完全認清了中共的本質，因為他決不可能再有晚年重回黨內的要求。即使他有此要求，也決不可能為毛澤東所接受。

陳獨秀所不瞭解的是：毛澤東的政治水平雖甚低，但凶悍與機詐兼而有之，正是流寇首領的上上之選。陳獨秀等知識分子從蘇聯搬來的階級鬥爭的意識形態、黨組織和專政機器則恰好為流寇集團「打天下」提供了現代化的精神武裝。但是知識分子和流寇雖然暫時統一在共產主義的旗幟之下，兩者的終極關懷卻是完全不同的。知識分子相信共產主義可以全面改造中國，流寇則志在趁火打劫，先奪權然後保權。一旦共產黨的領導權落入後者之手——這幾乎是必然的——知識分子的命運和「革命」的結局自然都不問可知了。因此，儘管中國現代化的前途斷送在中國共產黨的手上，而陳獨秀又是這個黨的創建人，但是我們卻不能把一切責任都推到他一個人的身上。事實上，像無數激進的中國知識分子一樣，陳獨秀也是中國革命悲劇中的一個角色，而不是悲劇的導演人。

郭著《陳獨秀與中國共產運動》是一部謹嚴的研究成品，我不願以草率的態度來對待著者索序的誠意，故拈出書中革命悲劇一義稍加發揮，並以之就正於著者和讀者。

一九九〇年二月七日序於普林斯頓

（郭成棠《陳獨秀與中國共產運動》，臺北，聯經，一九九一）

阮銘《鄧小平帝國》序

我初次和阮銘先生會面已是三年多以前的事了。一九八九年四月十五日《中國時報》在紐約召開了一個「五四運動七十周年討論會」，阮先生和我都參加了。也就在這一天，會場上傳來了胡耀邦逝世的消息。《時報》記者要求立時訪問阮先生和其他幾位來自大陸的與會者，討論不得不暫時停止。當時誰也不曾想到，這一天竟成為中國現代史上一個具有重大意義的日子，胡耀邦之死變成了北京學生運動的導火線，一直延續到「六四」天安門的大屠殺。

此後我還和阮先生見過幾次，也都是在會議的場合，沒有機會深談。一九九〇年八月以後，阮先生參加了普林斯頓大學「中國學社」(Princeton's China Initiative)的研究工作，我才進一步對他的經歷和抱負有所瞭解。讀過他的《歷史轉折點上的胡耀邦》一書，我更認識到：從一九七七年到一九八二年在中共中央黨校工作期間，他曾在理論上為中共的「改革開放」作出了重要的貢獻，有不少關鍵性的文獻，包括鄧小平的講詞，他都參加了起草。

由於我對於中共黨史的完全無知，初識阮先生時我一點也不清楚他的過去，更不知道他在一九八三年已被開除黨籍。我所認識的阮先生是一位熱烈追求民主自由的中國知識分子。胡耀邦曾指出中共黨內在延安整風時期已分化為三種力量：一種是追隨史達林的教條主義者，如康生和陳雲；一種是「老子打江山坐江山」的槍桿子主義者，最典型的代表是王震；最後一種則是「追求在中國實現自由民主理想的」知識分子（見《歷史轉折點上的胡耀邦》，美國八方文化，一九九一，頁七三──七四）。阮先生無疑屬於最後的一種。而且根據阮先生的分析，胡耀邦顯然也屬於知識分子的一類。他們終於成為鄧小平「改革開放」策略下的犧牲品，可以說是從一開始便注定了的。從中國歷史上看，無論是古代的暴力造反或現代的暴力革命，領導的權力最後總是落在光棍、流氓一類社會邊緣人的手上；知識分子在關鍵時刻雖然常能發揮重大作用，但事過境遷之後，如果不學張良的「明哲保身」，便祇能是悲劇下場，如李自成手下的李巖。中共是現代中國各階層邊緣分子的大集合（包括邊緣知識分子），其社會成分自較傳統的造反集團遠為複雜。然而照上面胡耀邦的分類，其中「槍桿子主義者」是傳統流氓、光棍的典型，固不必說，而第一種的「教條主義者」則是經過了現代化、洋化的光棍，所以這種人也往往被稱作「黨棍」。中共的權力基本上是掌握在這兩大類人——土光棍和洋光棍——的手上，知識分子如果不甘「光棍化」，便祇有靠邊站的份了。

阮銘先生當年抱著追求自由和民主的理想參加了共產黨，幾十年後被驅逐出黨，依然是一個執著於同一理想的知識分子，不但未沾絲毫的「黨」氣，而且也沒有半點「馬列」氣。這兩年來，他一方面寫作，一方面讀書和研究，無論在思想上或知識上都採取了開放的態度。這本《鄧小平帝國》便是在這樣的精神狀態下完成的。

從作者所引用的大量文獻而言，《鄧小平帝國》顯然和一般置身事外者的客觀研究並無不同，但是我們通讀全文，便會發現作者本人最初也曾參與了這個帝國的創建。作為一個參與者，他是身在廬山之中的，然而作為這部帝國興衰史的撰寫人，他卻能跳出廬山之外，因而看清了廬山的真面目。這樣主客統一的著作確是不多見的。這是此書最能吸引讀者的所在。當年梁啟超在變法失敗後寫《戊戌政變記》，由於情感的憤激，陳寅恪評其書曾有「所言不盡實錄」之譏。阮先生寫《鄧小平帝國》也未嘗沒有情感憤激的時候，但他大體上確能實事求是，不以個人主觀的好惡而作出違反事實的論斷。讓我試舉一例。在第十章論及鄧小平和黨內外民主力量之間的關係時，作者說：

鄧小平在整個改革進程中都面臨兩種選擇。一種是依靠黨內外的民主力量，依靠廣大民眾的支持來克服黨內特權階層的反抗，推進政治、經濟、文化的全面改革。另一種是同黨內特權階層與既得利益者妥協，背叛黨內外民主力量，把改革的目標收縮到經濟領域之內。鄧小平的反覆無常，就是因為他在這兩種選擇之間變化不定。但總的趨勢是他的政治視野愈來愈窄，愈來愈擔心黨內外民主力量的壯大會威脅到共產黨和他自身的權力壟斷，因而一步步地與各種民主力量分裂，最後不得不走向與保守勢力結盟。

這真是一種持平之論，可見作者頗能節制自己的激憤的情感；在他的視野所及之內，阮先生已盡最大可能保存了歷史的「實錄」。

阮先生最初參與了鄧小平帝國的創建，顯然是因為他相信鄧小平確有誠意把毛澤東的帝國改造成民主的中國。所以本書所描述的一九八二年以前的一些歷史性集會，作者大致都曾親臨其境。從這一點說，此書具有第一手史料的價值。但在鄧小平背棄了民主、走向帝國再建的時刻，阮先生毫不猶豫地與共產黨永遠告別了。和本世紀無數抱著自由民主理想的中國知識分子一樣，阮先生最初是由於誤會而加入了共產黨，最後則因為瞭解而離開了它。無論是加入還是離開，其中所體現的知識分子的良知都同樣是可敬的。

一九九二年七月十七日序於普林斯頓

（阮銘《鄧小平帝國》，臺北，時報，一九九二）

劉再復《西尋故鄉》序

——漂流：古今中外知識人的命運

劉再復先生最近六、七年來一直都過著他所謂的「漂流」的生活，在這一段「漂流」的歲月中，他除了文學專業的論著外還寫下了大量的散文。這些散文都將收集在《漂流手記》（也是第一集的書名）這個總題目之下。本書是第三集，名之為《西尋故鄉》。再復知道我愛讀他的散文，要我為這一集寫一篇序。其實我不但喜歡他的文字，而且更深賞文中所呈露的至情，因此，便欣然接受了寫序的任務。

「漂流」曾經是古今中外無數知識人的命運，但正因為「漂流」，人的精神生活才越來越豐富，精神世界也不斷得到開拓。僅以中國而論，如果剔除了歷代的漂流作品，一部文學史便不免要黯然失色了。中國第一位大史家司馬遷便最早發現了漂流和文學創作之間的密切關係。他不但在〈自序〉中指出「屈原放逐，著〈離騷〉」這一重要事實，而且還特別將屈原和漢初的賈誼合成一傳。這就表示他已在有意無意之間為中國的漂流文學建立了一個獨立的範疇，所以傳中既敘其異代而同歸的流放生活，又錄其在流放中寫成的辭賦。

在近代以前的中國文學史上，作家的漂流主要有兩大類型：亂離與流放。前者由於戰爭，後者則出於朝廷的貶斥。在第一流的文學家中，庾信、杜甫、陳與義代表第一類，屈原、韓愈、蘇軾則代表第二類。和流放相同，亂離也是文學創作的一大泉源。庾信經侯景之亂，江陵之陷，流落北方，他的晚年辭賦才大放異彩。故杜甫說：「庾信平生最蕭瑟，暮年詩賦動江關。」杜甫如果不是經歷了天寶之亂，他的詩的成就，肯定不會那樣高。陳與義也要在靖康之亂以後才能體會到「茫茫杜老詩」的深意。後人說他「避地湖嶠，行路萬里，詩益奇壯」（劉克莊語），是完全合乎事實的。

再復出生較遲，沒有趕上亂離的時代。陳寅恪先生在一九四八年底離開北平所詠「臨老三回值亂離，蔡威淚盡血猶垂」的情況，他是難以真正領略的。在他初入小學的階段，亂離已遠離中國而去了。單從這一方面說，再復似乎是很幸運的。我大約比再復年長十歲，而我的童年的清晰記憶便始於亂離。但是換一個角度看，再復又可以說是「生不逢辰」。因為他從入學到入世的四十年間（一九四九——一九八九）恰好遇到了中國史上一個空前絕後——至少我希望也是「絕後」——的變異時代。這個時代我們現在還無以名之；姑且藉「漂流」兩字起興，讓我稱這個時代為知識人「大流放」的時代。「勞改」、「下放」、「上山下鄉」——這衹是我順手拈來的幾個名詞，我不知道的名目也許還多著呢！這些先後出現的不同名目儘管在內容上有種種分別，其實都可以繫屬在一個共同的範疇之下——流放。我不知道今天中國大陸上四、五十歲以上的知識人有多少人曾經完全倖免於流放？也就是說沒有過任何「勞改」、「下放」或「上山下鄉」的經驗？如果說一九四九年以來中國知識人流放的數量超過了以往幾千年的總和，我想這恐怕不算是一個過分誇張的估計。滿清初入關時也曾大批流放知識人以為鞏固政權的手段，如順治十四年（一六五七）的所謂「丁酉科場案」是其中規模最大的一次，流放關外尚陽堡寧古塔的文士大約不下數百人。但若和一九五七年「反右」運動相比，簡直微不足道。更重要的是清初遭流放的文士在漢滿知識人之間同樣博得廣泛而深厚的同情。這在當時詩文集中隨處可以取證。最著名的如丁酉案中流放寧古塔的吳漢槎，不但引出吳梅村、顧梁汾、王漁洋等人纏綿悱惻的詩詞，而且納蘭性德也為之奔走關說，終使他得以在五年後便生入山海關。不但如此，吳漢槎在流戍期間仍能與友人（如徐乾學等）詩文信札往還，他的弈技更在此期間突飛猛進，可見流放生活也並非十分的慘酷。我偶然讀到荒蕪的《伐木日記》殘篇，記載一九五八——一九五九年間他和許多「右派」流放黑龍江原始森林的種種遭遇。兩相比較，簡直是天堂與地獄的懸絕了。

無獨有偶，俄國政治犯流放到西伯利亞的，沙皇時代和斯大林時代的對比也恰恰如出一轍。列寧的妻子回憶錄中記載她在十九世紀九十年代到西伯利亞去探望丈夫時，發現列寧過著頗為舒適的生活，沙皇政府付給他的錢，足夠他租一所房子，僱一個傭工，並且還可以打獵。他也可以和世界各地通信，甚至在俄國出版他的著作。所以他的妻子見到他的第一句話是：「天哪！你怎麼長胖啦！」另一被沙皇政府放逐到西伯利亞的政治犯——索羅金（Ptirim A. Sorokin, 1889–1968），後來在哈佛大學任教（社會學）時也說，沙皇時代政治犯的流放與囚禁等於是「招待度假的性質」（in the nature of granting them a vacation with most of the expenses paid)。俄國的例子更使我們認識到為什麼中國的「流放」也有「古代」與「現代」的不同。

唐、宋時代著名士大夫的謫戍往往起於他們極言直諫，評彈朝政，用現代的話說，他們都是所謂「在體制內持不同政見者」。韓愈因為上〈論佛骨表〉，遂至「一封朝奏九重天，夕貶潮陽路八千」；蘇軾也由於反對新政而屢遭貶斥，最後更流放到海南島。但是我們不能忘記，當時無論在朝還是在野的士大夫，不但不以這種貶逐為恥，而且恰恰相反，視之為莫大的榮耀，所以朝廷每貶逐一次，持不同政見者的聲望卻為之提高一節。范仲淹的生平為我們提供了一個最有趣的例證。文瑩《續湘山野錄》載：

范文正公以言事凡三黜。初為校理，忤章獻太后旨，貶倅河中。僚友餞於都門曰：「此行極光。」後為司諫，因郭后廢，率諫官、御史伏閣爭之不勝，貶睦州。僚友又餞於亭曰：「此行愈光。」後為天章閣，知開封府，撰《百官圖》進呈，丞相怒，奏曰：「宰相者，所以器百官，今仲淹盡自掄擢，安用彼相？臣等乞罷。」仁宗怒，落職貶饒州。時親賓故人又餞於郊曰：「此行尤光。」范笑謂送者曰：「仲淹前後三光矣，此後諸君更送，祇乞一上牢可也。」客大笑而散。

這是中國古代政治史上一個極美的故事，可見專制皇權的威力並不能壓倒士大夫的公論。文瑩是王安石時代的「餘杭沙門」，和當世士大夫交往密切，他的記載是很可信的。葉夢得在南宋初年撰《石林燕語》也記述了范仲淹最後一次的貶逐，恰可與文瑩之說互相證發。他說：

范文正公始以獻《百官圖》譏切呂申公，坐貶饒州。梅聖俞時官旁郡，作〈靈烏賦〉以寄，所謂「事將兆而獻忠，人返謂爾多凶」，蓋為范公設也。故公亦作賦報之，有言「知我者謂吉之先，不知我者謂凶之類」。（卷九）

可見范仲淹第三次貶逐時，不但在京師的「親賓故人」都為他餞別以壯其行，而且在外郡的詩人梅堯臣也特別寫〈靈烏賦〉為他作道義上的聲援。放逐是中國知識人的光榮，這一觀念在范仲淹「前後三光」的經歷中獲得了最有力的支持。

范仲淹為宋以後的知識人樹立了一個典範，他的「士當先天下之憂而憂，後天下之樂而樂」兩句話在北宋已成名言，至今仍流傳人口。其實他答梅堯臣而寫的〈靈烏賦〉中也有兩句更富於現代涵意的名言。南宋末王應麟告訴我們：

> 范文正〈靈烏賦〉：「寧鳴而死，不默而生。」其言可以立儒。（《困學紀聞》卷十七〈評文〉）

胡適之先生曾把這兩句話比作美國開國前爭自由的名言：「不自由，毋寧死。」這個比擬雖嫌牽強，但也不是毫無理由的。無論如何，中國傳統的知識人正因為具有「寧鳴而死，不默而生」的精神，所以才往往落得流放的下場。在一九五七年「鳴放」的「陽謀」期間，這個精神又曾極短暫地復活過。我相信後來被打成「右派」的知識人其實都是「體制內持不同政見者」，他們也許從來不知道有「寧鳴而死，不默而生」這八個字，然而這句名言所代表的精神則毫無疑問地依附在他們的身上。但是他們在打成「右派」而遭到「勞改」或「下放」的懲罰時，卻遠遠沒有范仲淹那樣幸運了。在貶逐的時候，已沒有人——包括家人骨肉在內——會為他們「餞行」，更沒有人會說「此行極光」之類的話。在當時的情況下，人人都覺得「右派」的「帽子」是最可恥的，被貶逐的本人更覺得他們自己「罪孽深重」。用當時流行的暴力語言來說，知識人帶上任何一頂「欽定」的帽子，便變成了「不齒於人類的狗屎堆」。這又是中國知識人史上「傳統」與「現代」之間的一大分野。

就「寧鳴而死，不默而生」的精神而言，再復的「漂流」自然與中國知識人的傳統有著千絲萬縷的牽繫。他發現自己是「中國的重人，整天憂國憂民」，這一情結便是從范仲淹那裏輾轉傳衍下來的。但是再復所受到的「放逐」的懲罰則是「現代」的。文革時期的「下放」固不必說，一九八九年再復自我流放的前夕，儘管知識人的群體自覺已有復甦的迹象，恐怕還沒有一個「僚友」敢公然為他「餞別」，並對他說：「此行尤光！」而且最近六、七年來，這一點剛剛開始復甦的自覺有如逆水行舟，不進反退，在民族主義的新召喚下，許多知識人似乎又心甘情願地重回到「體制內」去，不肯再作「持不同政見者」了。這頗使我聯想到《舊約．出埃及記》中的故事。跟隨摩西出走的一部分以色列人，在荒漠途中捱餓久了，反而懷念起在埃及作奴隸的「好日子」來。奴隸主「法老」雖然逼他們作苦活，但食物的供應是不缺的，有魚、有瓜果、還有菜蔬。荒漠中的甘泉並不真能療飢，未來樂土中的奶和蜜也不過是「望梅止渴」。為什麼那麼多的中國知識人會在一夜之間變成了狂熱的民族主義者呢？這個問題自然不能有簡單的答案。不過我疑心其中大概也有些人很像受不了荒漠旅途之苦的以色列人，懷念著埃及。但半途折回總不能不找一個光明正大的理由。現在有了民族主義作護身符，他們便可以大搖大擺地走回頭路了。埃及的鮮魚、瓜果、還有菜蔬畢竟是很誘人的。

再復是決心不走回頭路的。他說，名聲、地位、鮮花、掌聲——這一切他都已視為草芥，埋葬在海的那一岸了。這話我是深信不疑的。他把這一集散文定名為《西尋故鄉》便是明證。他說得很清楚，他已改變了「故鄉」的意義；對今天的再復來說，「故鄉」已不再是地圖上的一個固定點，而是「生命的永恆之海，那一個可容納自由情思的偉大家園」。這使我想起了莊子的〈逍遙遊〉。我想用〈逍遙遊〉來解釋再復的「漂流」，是再適當不過的。莊子一生追尋的「故鄉」也是精神的，不是地理的。〈逍遙遊〉中「至人」的「故鄉」是「無何有之鄉」，然而又是最真實的「故鄉」，祇有在這個真實的「故鄉」裏，「至人」才能達到「獨與天地精神往來」的境界，才能具有「舉世譽之而不加勸，舉世非之而不加沮」的胸襟。

話雖如此，恐怕今天的民族主義者還是不會輕易放過再復的。民族主義者現在也引儒家為同道了。《春秋》大義首重「夷夏之防」；不必讀內容，書名《西尋故鄉》四個字便足夠「明正典刑」的資格。近代「西尋故鄉」的先行者，如郭嵩燾，如康有為，如胡適，都曾受過民族主義者的口誅筆伐。不過如果我可以為再復辯護，那麼我要說：根據儒家的原始經典，即使是地理意義上的故鄉，任何人都可以「去無道，就有道」的。孔子便說過「道不行，乘桴浮於海」，雖然他沒有真的成行。《詩．魏風．碩鼠》更明白地說：

碩鼠碩鼠，無食我黍。三歲貫女，莫我肯顧。逝將去女，適彼樂土。樂土樂土，爰得我所？
碩鼠碩鼠，無食我麥。三歲貫女，莫我肯德。逝將去女，適彼樂國。樂國樂國，爰得我直？

事實上，在他的散文集中再復對地理意義上的故鄉充滿著深情的回憶。古人曾說：「情由憶生，不憶故無情。」再復是天生情種，所以他才有那麼多的懷舊之作。他絲毫不懷戀埃及的鮮魚、瓜果、菜蔬，但是對於故國的人物、山川、草木，他終是「未免有情，誰能遣此」。他自然也不能將苦痛的往事完全從記憶中抹去，所以筆下時時流露出對於碩鼠的憎恨。但是在我想來，眼前最緊要的還是繼續作逍遙遊，一心一意去追尋精神的故鄉。從《舊約》的記載看，以色列人出走埃及以後還有漫長的征程，他們似乎逐漸忘記了「法老」的橫暴，因為他們忙著要建立新的信仰和屬於自己的家園。這樣看來，再復似乎也不妨暫時把橫行的碩鼠置諸腦後。碩鼠的世界雖然盤踞在再復記憶中的故鄉，但這兩者不但不是合成一體的，而且越來越互為異化。後者是永恆的存在，蘊藏著無限的生機，前者則已變成一溝死水。所以我要引一段詩人聞一多的〈死水〉，以結束這篇序文：

這是一溝絕望的死水，
這裏斷不是美的所在，
不如讓給醜惡來開墾，
看他造出個甚麼世界。

一九九六年九月一日於普林斯頓

（劉再復《西尋故鄉》，香港，天地，一九九七）

陳奎德《煮酒論思潮》序

陳奎德先生的《煮酒論思潮》結集了他近十幾年來討論當代思想與文化問題的論文。其中絕大多數都是一九八九年以後他旅居美國期間撰寫的，祇有極少數是中國大陸時代的作品，最早的一篇是一九八二年在《復旦學報》上發表的〈當代科學的新思潮——耗散結構的啟迪〉。

奎德的專業是哲學，最初從西方哲學入手，早年曾寫成關於懷德海哲學的專題研究。本書所收入的早期論文也主要集中在西方現代哲學的領域之內。奎德的專業訓練雖始於西方哲學，他的根本關懷卻很早便傾向於為中國思想和文化尋求新的出路。所以他在一九八七年所寫的〈「人對自然」與「自然的人」〉一文中，已開始討論中西自然觀的異同。這樣看來，他在一九八九年以後密切注意中國大陸上種種新思潮的起落決不完全是時勢造成的；他的哲學精神自始便貫注在這一方面。事實上，在八十年代思想解放的潮流中，奎德也是一位有力的推動者和參與者。據蘇紹智先生的回憶，奎德早就以「思想解放」聞名；一九八九年三月他在上海創辦的《思想家》是一個既有分量又具潛力的學術刊物。正因如此，他當時在北京準備召開的「《思想家》首發儀式」才遭到了官方的禁止（見《十年風雨》，頁二九八——九）。

根據我個人的觀察，今天奎德的基本立場與其說是「思想解放」，毋寧說是「思想開放」。「思想解放」是對於八十年代大陸知識界的一般描述語；其中「解放」兩字專有所指，即相對於官方的意識形態而言。思想越能脫出這個意識形態的束縛便越「解放」。奎德當年擺脫馬列主義的思維架構一定比其他的人更為徹底，因此才贏得了「思想解放」的稱號。但「思想解放」祇是一個短暫的過程，「解放」以後的思想仍將發展成某種類型。據我的瞭解，奎德的思想斷無可疑應該劃入開放的一型。他自然有自己的中心宗旨，但是卻能對各種不同的知識領域和立場互異的思想流派保持著一種開放的態度。無論以視野廣闊、觀察敏銳或聞見淵博而言，他都是一位最合格的思想與文化的評論家。這部《煮酒論思潮》不但是近十餘年來大陸思想文化變遷的歷史記錄，而且也從不同的角度對今後大陸的思想與文化的動向有所提示。他並沒有作出任何武斷的預測，但是通過他的批判性的分析，讀者自不難窺見大陸人文學界幾個主要思潮此起彼落的消息。

自七十年代末以來，大陸的思想和文化界開始有鬆動的迹象。進入八十年代，官方意識形態顯然已失去了號召力，不同的聲音越來越多，最後形成了著名的「文化熱」，這股熱流和民主運動互相支援、互相激盪，直到一九八九年的天安門屠殺才告一段落。經過一兩年的沉寂之後，大陸的思想和文化界又再度發言了。一九九三年以來，種種新思潮隨着大批新興的刊物和叢書而出現，以致奎德要用「迎接新諸子時代」的標題來描述這一現象。這可以說是大陸對外開放以後思想和文化發展的第二階段。由於它剛剛開始，我們一時還不易看出其最後的歸趨。不過與第一階段相比，這一期的思潮在外緣條件上有兩點最顯著的不同。第一是思想的論說與政治行動完全脫節了。論說本身自然有深刻的政治涵義。但由於「六四」以後極權控制的嚴密化，大陸知識分子已祇能「坐而言」，不能「起而行」

了。八十年代末期知識分子和青年學生所進行的種種公開化的社會、文化，以至政治活動，已不能復見於今日。第二是思想和文化發展的社會空間反而擴大了。最近三、四年由於大陸「商業潮」的突然興起，特別是知識分子的「下海」，民間社會出現了可以支持思想與文化發展的經濟力量，這是第一階段所沒有的新情況：文化市場和市場經濟開始恢復中斷了四十多年的有機聯繫。我們觀察當前大陸思潮的發展，決不能忽視上述兩個新的外緣因素。

我讀了《煮酒論思潮》之後，有一個很深刻的印象，想借此機會作一極簡單的表述。我感覺這十幾年來大陸的思想、文化界雖然十分活躍，各種思潮迭起迭落幾乎令人目不暇接，然而整體看起來，總不免予人以無源之水的印象。有些所謂思潮似乎是臨時借西方人的杯酒來澆自己胸中的塊壘。奎德在〈迎接新諸子時代〉中一口氣便介紹十四個思想流派，還不包括他所謂「操作性的制度性主張或對策」。其實在我看來，其中有些「思潮」和「主張或對策」的分別也相去不甚遠。用中國傳統的名詞說，這些都可以算是「策論」，和具有較能經得起時間考驗的學術或思想未可同日而語。今天大陸上的「策論」很多（即使「策論」的作者寄旅海外，其對象主要仍是大陸的當權者）。這種新式「策論」所採取的方式大致是援引某種西方的理論或觀點（包括官方的馬列主義和西方現代的馬克思主義），然後針對著中國大陸的現實提出自己的「主張」或「對策」。即使是有些以思潮面目出現的文字，如細加分析，似乎也逃不出上述的公式，不過表現得較為隱晦、曲折而已。大體言之，理論資源取自西方的成品，和討論的問題直接出於對中國現實（特別是政治現實）的關切，這是相當大一部分「思潮」文字的特色。這兩者都無可非議。就前一特色言，梁啟超早就主張「須將世界學說為無制限的盡量輸入」，胡適論五四時期新思潮的意義也特列「輸入學理」為四大綱領之一。至於後一特色，則更是中國思想史上早就出現的。所以《淮南子．要略》論儒、墨、道等諸子的興起，強調其針對當時弊病的背景；司馬談〈論六家要旨〉也說它們都是「務為治者也」，即可以「治天下」之意。但是從另一方面看，梁啟超、胡適的話是在七、八十年前說的。他們的本意祇是要中國人參考西方學說以為自己創造的始點，並不是要中國人永遠追隨西方的現成理論。而先秦諸子則是中國學術和思想的奠基者，他們之能夠形成學派並蔚成一代的思潮，則是由於長期開創關於人文界和自然界的知識領域而致。反觀一部西方哲學史，情形亦復如是。即以本世紀而言，邏輯實證論以至整個分析哲學的興起，都是和物理學、數學、生物學等的突破性收穫連成一體的；而最近三、四十年來歐陸哲學重振旗鼓，甚至在英美都已對分析哲學的傳統造成威脅也和人文社會科學的新發展密不可分。其中如人類學、語言學、史學、文學批評等的研究成績尤其發生了重大的作用。與中西歷史上這些劃時代的思潮相對照，則近年來大陸上出現的種種論述究竟算不算真正的「思潮」？其中代表性的人物又究竟能不能稱為「新諸子」？恐怕還要等待時間的檢驗。

我對於目前大陸有關思想和文化的論述甚為重視，但是我也確有一種不很滿足的感覺。過於依賴西方的論說顯示出我們在思想上還沒有達到獨立創造的境界；過分針對政治現實而立說則不免自處太狹。而且現實的變化往往快得出人意表，有始立說未畢而客觀的情勢已變，則論述者的辛勤努力便不免落空了。但是上列大陸論述的兩個特色可以說主要是環境造成的，不能由個別論述者負責。就我平素所接觸到的大陸中青代學人而言，他們之中極多好學深思之士。祇是由於大陸的學術研究（特別是人文社會科學方面）為官方意識形態壓制了幾十年，至今還沒有恢復到正常的狀態，他們的學術憑藉遠沒有西方的同行那樣深厚。但是他們的熱誠則十分高昂，因此祇要稍有自由的空間便一擁而上追求任何因偶然機緣而碰到的新鮮觀念或問題。這也許是最近十幾年來大陸上思想和文化界常常出現各種「熱」的原因之一。八十年代的「文化熱」和九十年代的「國學熱」、「『後學』熱」（即「後現代」、「後殖民」、「後結構主義」之類）都是顯例。但是真正思想和文化的發展需要長時期的艱苦研究和反覆討論，其過程與其說是「熱鬧」，毋寧說是「冷靜」。所以「文化」而能引起「熱」便恰好說明這個「文化」不是自生自長的，而是從外面販賣回來的，正如市場上搶購所造成的熱潮一樣。

我因此十分同意奎德在〈靜養人文之氣〉和〈退而結網，梳理混沌〉等文中所流露的關懷。一九九四年大陸上有一批學人提倡「重建人文精神」，奎德對此作了同情的響應，而歸結到人文精神的建立離不開一種人文學術研究的傳統，雖然依他看來，大陸學者所提倡的人文精神與人文學術研究之間似無必然聯繫。在他所謂「退而結網」的呼喚中，我們更不難看出他對重建學術規範和學術傳統的重視。我深感奎德這個見解是最值得大家重視的；想要給中國的思想和文化探尋新路向的知識分子，除了「退而結網」之外，似乎並沒有其他捷徑可走。

據我所知，大陸上已有不少人文學者正在各自的專業崗位上默默地耕耘。即以我接觸過的中青代學人而言，這一類沉潛的工作者已比比皆是。「十室之邑，必有忠信。」這是我對於大陸上人文研究的遠景始終保持樂觀的一個主要根據。我相信他們在學術上的辛勤創穫最後必能導引出創造性的中國人文思潮。但這裏我想對目前一個流行的觀念附帶加以澄清。最近我常在大陸的刊物上看到所謂「學問突出，思想淡出」的說法，意思是說：現在出現一種風氣，一方面鼓勵知識分子埋頭從事純學術研究，而另一方面則阻止他們進行批判性的思考。這個說法很自然地使我們聯想到清代中葉考證學盛行的情況。照一般的解釋，清代考證學是特別受到朝廷獎勵的，因為這可以消滅當時反滿思想於無形。其實這一解釋並不充分，因為考證學本身便是一種思想傾向的產物，而且考證學家所攻擊的程朱理學正是清廷所正式提倡的官方意識形態。今天大陸上「學問突出，思想淡出」的說法大概和正在流行的「國學熱」有關，官方如果有意誘導這一趨向，也自在情理之中。所以這個說法的出現也確有一定的事實根據。不過我們也不能因噎廢食，把「學」與「思」真的看作是互相排斥的兩件事。孔子所謂「學而不思則罔，思而不學則殆」，不但是中國學術思想史上的通則，而且，如上文已指出的，也同樣在西方哲學史可以獲得印證。事實上，學術研究本身便具有內在的批判力，學者祇要長期從事於嚴肅的研究工作，他們的最後創獲自然會對政治與社會投射一種深刻的批判作用，這在人文研究方面尤其如此（關於此點可看 Michael Walzer, *Interpretation and Social Criticism* 一書）。總之，真思想和真學問是一事的兩面，無從截然分開。我們很難想像世界上有無學問的思想家或無思想的學問家，兩者的分別不過重點偏向有所不同而已。我想奎德也許會同意我的想法：祇有在人文研究取得既深且廣的成績以後，中國大陸才能在馬列主義的廢墟上「重建人文精神」。但這恐怕需要好幾代的學人作持續不斷的努力。

奎德這部《煮酒論思潮》是屬於思想和文化評論的範疇。它一方面為大陸近十幾年的思想變遷提供了歷史發展的線索和政治、社會背景的解釋，另一方面又對各派思潮的實質提出了評論和分析。這正是思想和文化處於醞釀和突破時期所不可缺少的工作。上面已說過，這種工作祇有兼具哲學素養和廣博學識的人才能勝任。以中國學術思想傳統而言，《莊子．天下》篇和荀卿〈非十二子〉篇便是評論「思潮」的經典作品。現代西方這一類的著述更是多不勝舉。最近三、四十年來，由於歐陸哲學傳統起而與英美分析哲學競勝，新思潮幾若雨後春筍。像我這樣哲學的門外漢而又想對現代的思想動態有所認識，有時便不能不借徑於思想評論家的第二手著作。在我所接觸到的評論家中，我特別欣賞伯恩斯坦(Richard J. Bernstein)自一九七一年以來所寫的五大本評論集，因為伯氏不但評論公允，而且自具深識，確能做到既賞識別人的長處又揭發其短處的境界。我希望中國的人文研究能夠盡快趕上世界的水準，不斷出現學深思銳的論著，使奎德也有機會施展他的身手，而不致書空咄咄，發出英雄無用武之地的感慨！

一九九六年九月十八日序於普林斯頓

（陳奎德《煮酒論思潮》，臺北，東大，一九九七）

鄭義《自由鳥》序

《自由鳥》是鄭義的一部文集，分為兩輯：第一輯主要是為天安門「八九民運」辯護的論文；第二輯大體上屬於報導文學，是他從「文革」開始，親見親聞，或親自參加過的生活實錄。最後一篇〈自由鳥〉，也就是全書的主題曲，則是寫「金色冒險號」船民投奔自由，卻在美國賓州的約克郡監獄中度過了四年囚禁的日子。我匆匆地讀過全書，禁不住心潮洶湧，好像又重溫了一九八九年六月四日在電視上所看到的那場惡夢。鄭義的每一篇文字都是用血和淚交織而成的，他所描寫的每一個場面都是驚心動魄的。如果要我在這部文集中選出另一篇題目來代表全書的精神，我想也許沒有比「我作證」這三個字更合適的了。

我為什麼這樣說呢？因為鄭義的每一篇文章都是以他的全幅生命為歷史作證的。但這並不是一般的歷史，而恰恰是二十世紀後半葉中國五千年文明在邪惡的火焰中化為劫灰的一段歷史。希臘神話中有火鳳凰自焚之後，再從灰燼中重生的故事。中國已自焚了，這是無可懷疑的事實；至於它能不能復活，實在是很難說的事，至少到今天為止，我們還看不出中國有再生的迹象。這決不是我故意危言聳聽，誇大其詞。聽聽先知詩人陳寅恪的聲音吧！他在一九四九年夏天寫道：

玉石崑岡同一燼，劫灰遺恨話當時。

又在一九五〇年夏天寫道：

誰問神州尚有神。

我不過是用淺近的語言把詩人的深意重述一遍而已。陳寅恪的詩是「詩史」，並且也是以全幅生命為歷史作證的「詩的史」或「史的詩」。萬一有一天，也許要等到五百年之後，中國這隻火鳳凰居然奇蹟似地復活了，那時候的中國人之中總不免會有好奇之士想知道這場大火是怎樣燃燒起來的，燃燒的具體經過又是怎樣的。到了那一天，這些還魂過來的未來中國人終將在思古幽情的激動之下，反覆研讀二十世紀中葉以來殘留的詩文。像陳寅恪的「詩史」、還有鄭義的《自由鳥》，以及其他同類的作品，便將成為最值得寶貴的原始資料。他們也許很難一下子看得懂這批原料，正如我們看不懂《楚辭．天問》、《山海經》、《淮南子》等古籍中所記載的神話一樣。但越是難懂便越會激發他們的探索的興趣，二十世紀的神話也不可避免地將引導研究者去比較遠古的神話。那麼他們便會驚異地發現，有些遠古的神話竟然和二十世紀的神話若合符節。上引陳寅恪詩句中的「玉石崑岡」便出於《尚書．胤徵》的「火炎崑岡，玉石俱焚。天吏逸德，烈於猛火」。可見神話傳說中確隱藏著真實的歷史，而且重複地演出過。再引一個更有名的神話：《淮南子．天文訓》說：

昔者共工與顓頊爭為帝，怒而觸不周之山。天柱折，地維絕。天傾西北，故日月星

辰移焉。地不滿東南，故水潦塵埃歸焉。

對於二十世紀下葉的中國而言，這已不止是神話，而是靈驗無比的〈推背圖〉了。二十世紀的中國人之中願意認同於「共工」者比比皆是。但這不能改變在原來神話中「共工」代表邪惡與暴力這一事實。正是因為有那麼多人奉「共工」為至上的天神，今天中國才會落到「天柱折，地維絕」的地步。如果「共工」的作為是值得肯定的，為什麼這一神話還要加上一條尾巴，說什麼「於是女媧煉五色石以補蒼天」（《淮南子．覽冥訓》）呢？中國這隻自焚的火鳳凰會不會復活，恐怕就得看有沒有新的女媧能煉成五色石重補蒼天了，眼前還不見新女媧的影子。

但是五十年來焚燒著中國的烈火並不完全來自舊的崑岡，其中最重要的火苗出於火鳳凰的身上，而火鳳凰則是從西方飛過來的。在上星期出版的美國《時代》週刊（*Time*, April 13, 1998）百年紀念號上，我們讀到了關於二十世紀最有影響的政治領袖的素描，都是由各行的專家執筆的。代表中國的自然非毛澤東莫屬——二十世紀的「共工」。在編者的引言中，有一段專講二十世紀是一個有計劃有系統的殘殺人群的世紀。讓我把其中最緊要的話譯在下面：

在這一世紀的種種光輝成就之中也露出一些歷史上最壞的恐怖：斯大林的集體化，希特勒的殘殺猶太人，毛澤東的「文化大革命」，波布的屠殺場，伊底阿敏的濫殺。我們為此試將罪責予以個人化，好像過失僅止於幾個瘋人，其實是這些社會自上至下都曾擁抱或容忍過這種瘋狂，包括先進的社會如德國，這些社會有一個共同之點，它們都從極權體制中去尋求解決方式，而不是自由。神學家於此必須解答上帝為什麼會允許邪惡的出現。理性主義者所面臨的困境也不在神學家之下，他們必須解釋：為什麼進步並沒有使人類的文明變得更文明些？

編者在這裏指出「極權體制」是二十世紀最大邪惡的總根源，我認為是完全合乎事實的。但是我們都知道「極權體制」的故鄉在西方而不在東方。以觀念的起源言，它始於馬克思的「無產階級革命」和「專政」，以組織的起源言，它是從列寧開始的。這已是常識中的常識，用不著多費筆墨了。但是《時代》週刊中關於列寧的一篇素描，則仍有一讀的價值。列寧不折不扣地是一個最激進、又最熱狂的知識分子，是他第一次通過細密的分析，把馬克思理論和革命實踐結合了起來。文中引六十年代一位蘇聯的異議分子的分析，指出列寧一生博覽群書，深思熟慮，文筆也乾淨俐落。但血流成海也就是這樣造成的。他的殘酷，與其歸之於天性，毋寧歸之於下列諸因素：深信他的革命根據在「科學」、在「不容爭辯的歷史規律」、酷愛權力，和政治上決不容忍異己。這是俄國人的內部評論，應該是可信的。現在前蘇聯的檔案公開了，列寧親筆下令吊死大批的富農示眾，務使遠近皆知的文件也已出現。過去西方左派學術界以列寧為「聖者」而將一切邪惡專歸於斯大林一人的說法今天已成笑柄。我們對於列寧進行革命和建立極權統治的事實知道的越多，便越明白中國「共工」及其追隨者的一切作為，從弘綱到細節無不一一抄自布爾什維克。其中唯一「中國化」的部分則取法於傳統的「流寇主義」。二十世紀是中國人表演破壞力而不是創造力的時代，那裏會有「創造性發展」的奇蹟出現？所以我說，這場大火是由火鳳凰從西方搬運過來的。

「火鳳凰」加上「共工」，這幾乎便是二十世紀中國「革命」的全部歷史。

中國的大火已燃燒了五十年之久，一直到今天都沒有熄滅，所不同的是現在燃料已經改變。最初三十多年的燃料是「共工」及其信徒們的無限的「權力慾」，而最近十幾年來，特別是最近五、六年來，由於市場經濟的刺激，代之而起的則是更巨大而永遠無法滿足的「錢財慾」。「權」與「錢」兩種燃料的互相支援，已使崑岡火燄衝天，隔海望去，好像是一片興旺。但是可以確定的是中國人幾千年累積起來的精神資源已焚燒得祇剩下殘灰了。所以這兩三年來，大陸上已出現了不少關於精神危機、道德破產的嚴重信號。就我所知，便有《中國社會的困惑》（一九九六）、《大變革時代》（一九九六）、《關鍵時刻》（一九九七）、《商士論衡》（一九九七）……這些專書，其共同的訊息便是對這場由新燃料所突然加強的貪婪的慾火，發出緊急警報。

鄭義和他的天安門夥伴們其實都是義務消防隊員，但是他們要救的火卻恰恰是「共工」的徒子徒孫輩萬世相傳的富貴根源。所以或逃亡、或流放，他們先後都飛越太平洋，從現場救火變成了隔岸觀火。但是我深知他們是決不甘心長久被迫觀火的，他們的心仍然時時刻刻繫繞著火場。

在這篇序文中，我曾一再引用中外關於「火」的神話來表達我讀《自由鳥》的一些感受。現在讓我再引一段佛經上的「火」的神話來結束這篇急就章：

昔有鸚鵡飛集陀山，乃山中大火。鸚鵡遙見，入水濡羽，飛而灑之。天神言：「爾雖有志意，何足云也？」對曰：「常僑居是山，不忍見耳！」天神感嘉，即為滅火。

一九九八年四月二十二日序於普林斯頓

（鄭義《自由鳥》，臺北，三民，一九九八）

林培瑞《半洋隨筆》序

我的朋友林培瑞把他的中文作品收集在一起，成為這部《半洋隨筆》。承他的好意，要我寫一篇序，我毫不遲疑地答應了下來。這是因為我們有三十年的交情。

我已記不得是哪一年認識培瑞的了，大概在一九七〇年前後，那時他正在哈佛大學研究中國現代文學。但有一件事我至今還記得很清楚：他在東亞研究中心的研討班上報告他研究「鴛鴦蝴蝶派」小說的經過。我小時候也曾接觸過一點「鴛鴦蝴蝶派」的作品，但後來看見新舊文學家都對它表示不屑，驅之於「文學」的領域之外，我也不免隨波逐流，從此便和它絕緣了。培瑞的研究報告第一次使我能從通俗文化的角度去認識「鴛鴦蝴蝶派」的內在價值，改變了我的傳統偏見。

我不知道培瑞有沒有這個自覺，在我的直感中，他研究「鴛鴦蝴蝶派」似乎含有一種打抱不平的精神。他見不得世間一切受委屈的人和事，他總是忍不住要為被打壓、被誣蔑、被「妖魔化」的弱勢一方「辯冤白謗」。三十年來培瑞治學和論世都一貫體現了這個打抱不平的精神。這部《半洋隨筆》便是活生生的見證。

但是培瑞這種打抱不平的俠氣三十年來完全用在中國的人和事上面。他在〈自序〉中說：

> 比如一九九八年夏天，聽到新聞報導說中國人在印度尼西亞受到無理的慘殺和強姦，我心裏馬上感覺到一種難以控制住的氣憤。聽到盧旺達大屠殺的消息、波斯尼亞的「民族清洗」的消息，心裏也有反應，但並沒有那種「自己人受害」的強烈的、直覺性的感覺。

這是很令人感動的自白，在不知不覺間，他早已和中國「認同」了。為什麼培瑞對中國發生這樣深的感情呢?從他在本書各處所透露的一些線索,我們知道他因為學習中國語文而開始進入中國的精神世界和價值世界。他駕馭中國語文的能力已超過許多土生土長的中國人,無論說或寫都是如此。他說的一口道地京片子便遠不是我這個「南腔北調」人所能望其項背的。我曾聽過他和女兒共同表演相聲,那真是精彩之至。本書也收了三篇談相聲的文字,充分說明了他在這門藝術上所達到的高度。第一篇〈相聲抓住了我〉,光看題目便令人神往。其實不但相聲抓住了他,更重要的是他也抓住了相聲,我們都知道,學一門外國語言,最難入門的便是「笑話」。培瑞能抓住相聲,他對中國文化才真正領會到了家。梁實秋曾寫過一篇文章,記他在抗戰時期成都,和老舍登臺表演相聲的一段故事,讀來妙趣橫生。我常常覺得遺憾,培瑞生得太晚,趕不上梁實秋、老舍那一代的作家。如果培瑞能和其中任何一位作一次相聲表演,豈不是中外文壇的千古佳話?

培瑞說得很對,相聲是中國人幽默感的一種表現方式。我也同意他的話,從幽默中發出的笑是保持心理健康的良藥。個人如此,社會亦然。中國人從古代便懂得這個道理。《論語》有孔子「莞爾而笑」的記述,這便是一種幽默之笑。培瑞能深刻地欣賞侯寶林的藝術,證明他對中國文化的真精神已達到了心領神會的境界。我想這得力於他的「半洋」背景。培瑞畢竟是從美國文化中孕育出來的，而美國人也非常富於幽默感。培瑞打通了兩大文化的隔閡，他的幽默感中的美國成分和中國成分已融合為一，再也分辨不清了。

我在開始的時候特別介紹了培瑞「打抱不平」的精神，現在又強調了他的「幽默感」，這兩種完全不同的品質之間有什麼聯繫呢？我想最重要的聯繫是二者都屬於培瑞所說的「普世的」文化元素，也都深深地植根在人所特有的性情之中。這一點已毋須論證了，但在培瑞的身上，這兩種品質卻互相支援，結合得恰到好處。他在打抱不平的時候不失其幽默，他在幽默的時候也依然是在打抱不平。讓我舉一個例子。一九八九年二月二十六日他和黃蘇珍約方勵之夫婦一道去趕布希總統的宴會是一個最著名的事件。北京警察和公安人員先是不准他們赴宴，後來又千方百計阻撓他們去美國大使館查問情況。培瑞寫道：

自己的車子失蹤，出租車不能坐，連公共汽車都不准上，又找不到電話，我們只好走路。從第二次被攔的地方一直「長征」到美國大使住的光華路十七號，走了兩個鐘頭，天又黑又冷。一路上一直有許許多多的、各式各樣的警察跟我們作陪。有穿制服的，有穿便衣的；有帶槍的，有不帶槍的；有走路的，坐警車的，坐出租車的，騎摩托車的，騎自行車的。而且輪班兒輪得很有秩序。老朋友送到某一個街口，新朋友就接上來了。（見〈溫室裏的「撲克房」〉）

這一段話完全是現象的白描，看不見一點憤怒的火焰。培瑞和黃蘇珍其實是為方勵之夫婦打抱不平，然而一字一句都出之以幽默的筆觸。他們究竟置身於怎樣的政治環境下，讀者自會有最深刻的感受。我讀這一節妙文，很自然地聯想到杜甫的〈石壕吏〉：「暮投石壕村，有吏夜捉人。老翁踰牆走，老婦出門看……」杜甫便是一位最愛打抱不平、又最有幽默感的「詩聖」。

即使在他自己受到最不公平的待遇時，培瑞的幽默感也不會離他而去。一九九六年八月他在北京機場的旅館房間裏被四個警察監視著，寸步不離。但警察捨不得放棄吃高級菜的飯票，堅邀他下樓吃晚飯。下面是一段有趣的對話：

我決定幽他一默：「有沒有我的票呢？」

他顯得不好意思，笑了一笑，說：「對不起，先生，沒有你的。」

「那我吃什麼呢？不會光是陪客吧？」

「不是這個意思，」他說。「你可以……自費。」（見〈北京一遊〉）

在這個又睏、又累、又氣的節骨眼兒上，他竟還沒有忘記「幽他一默」，這就是我們的培瑞！

這部《半洋隨筆》也帶有自傳的性質，所以讀來特別有趣。其中絕大部分是最近幾年寫的，但也有一些發表在十年之前。最早的是一篇訪談錄——〈同中國球員相處兩週〉——和一篇〈李希凡論現代中國文學〉。這兩篇文字，培瑞告訴我們：「反映我年輕的一些天真想法和片面的認識，現在幾乎不忍卒讀。」但是作為讀者我卻很高興看見他收入這兩篇少作。通讀全書，我們清楚地看到一個「天真理想的左派學生」怎樣一步一步地成熟為一個具有深刻觀察力的「反共知識分子」。在這個長期教育的過程中，他的最好的老師不是別人，恰恰是共產黨。

但是從他的生命本質看，培瑞三十年來一點也沒改變。他那個打抱不平的精神，還有他的幽默感，自始至終都貫注在他的一言一行之中。三十年前他是反越戰的急先鋒。一九七二年春天尼克森下令轟炸北越，他便發動抗議，四個美方譯員因此都拒絕伴隨中共乒乓隊代表團進白宮。他的「打抱不平」的精神不允許他和「戰爭販子」尼克森握手。一九八九年二月赴宴風波以後，特別是「六四」天安門屠殺以後，他變成了中共黑名單上的人物。這還是「打抱不平」之一念在作祟。三十年前他因為愛美國和美國同胞而強烈反對美國政府，正如今天他因為愛中國、愛中國文化、更愛中國人而堅決反對中共政權一樣。「認同中國並不等於認同中共政權」，這一原則他是牢牢地把握著的。

培瑞和所有富於正義感的知識分子一樣，永遠在追求公平、平等、人權、自由……等正面的價值。他的「反共」是萬不得已的，因為共產黨恰恰是這些基本價值的毀滅者。他認同於中國文化，因為這個古老文化的核心部分是最尊重人性、也是富有人情味的。他認同於日常生活世界的中國人，因為他們之中絕大多數是最善良、而又最有智慧的。

「天下事，天下人都管得。」這是中國民間文化的一項主要信條，在中國小說和戲劇裏，一切「路見不平，拔刀相助」的俠義英雄都是本著這個信條而行動的。我們讀《半洋隨筆》，必須牢牢記住作者是「天下人」這個中國觀念。何況培瑞又說：「我作假洋鬼子的概念不同：看上去是洋鬼子但外表是假的，裏頭幾乎都是中國人的東西，和真洋鬼子絕對兩樣。」我和培瑞相識已三十年，最近十年又幾乎和他天天見面，我絕對可以負責為他這句話作證。他這個「假洋鬼子」原來是一個「如假包換」的「真中國人」。他當然更有資格管中國人的事了。

是為序

一九九九年三月二十一日於普林斯頓

（林培瑞《半洋隨筆》，臺北，三民，一九九九）

金鐘主編《共產中國五十年：非官方紀錄的歷史真相》序

——中共政權的歷史起源

《開放》雜誌社的金鐘先生編成這部《共產中國五十年：非官方紀錄的歷史真相》，是非常適時的。本書的絕大部分都曾在今年《開放》上刊布過，但也有一些文章是集結成書時新添的，特別是最後一章〈中共政權五十年感言〉的各節。從本書的目錄、編輯體例，和我在《開放》中所讀過部分文字而言，我覺得這本書有幾點特色是值得指出的。第一，它的涵蓋面十分廣闊，幾乎觸及了中共五十年統治的每一方面。第二，它既依循時間的順序，又展示突出的主題，因此兼有「經緯交織」和「綱舉目張」的雙重長處。第三，所收文字有宏觀的概括，也有微觀的個案分析，讀者不但可以看到整片森林的形勢，而且也可以細察個別樹木的枝葉扶疏。第四，作者都是久為讀者所信任的名家，他們以最負責的態度寫親見親歷的往事和感受，使本書具有第一手史料的性質。承金鐘先生雅意，要我為本書寫一篇序言，但因時間匆促，我祇能從歷史的角度說幾句提綱式的話，這是要請編者和讀者原諒的。

我們如果想對中共建立政權五十年這件事稍有認識，不能不追溯中國共產黨的起源。這就必須把歷史推前三十年。共產國際是在一九一九年五月成立的，次年四月遠東局第一次派吳廷康（即魏金斯基，Gregory Voitinsky）到北京來活動。他表面上是新聞記者，但暗中卻負責在中國尋找同志、組織中國共產黨的任務。吳廷康後來走訪了武漢、長沙、濟南、廣州等各大城市，並且首先在廣州建立了一個共產黨組織，這比陳獨秀在一九二一年七月正式創建中國共產黨還要早一年。

列寧領導的共產國際派吳廷康來華輸出「革命」不過是一個始點，接著便有馬林（Maring，荷蘭人，本名是 H. Sneevliet）、越飛、鮑羅廷等代表一個接著一個到中國來活動，終於完成了建立黨組織的使命，並說服了孫中山接受「聯俄容共」的政策。

這一歷史起源對於我們瞭解中共政權的本質有無比的重要性。無論就「革命」的目標、組織和活動的方式、或意識形態而言，中共在開始時祇是共產國際的中國支部，而不是從中國社會的內在演變中自然發展出來的。但是我這樣說並不是否認後來中共的成長與中國的歷史傳統，特別是二十世紀中國的特殊狀態，有內在的聯繫。如果沒有這個聯繫，中共便根本不可能在中國奪取政權了。問題僅在於中共所吸收的是中國傳統中哪些成分？它所利用的特殊狀態又是什麼？可惜限於篇幅，我不能在這裏作較詳細的解說，現在姑且提出兩個觀察以就教於讀者。

第一，中國傳統社會結構自十九世紀末以來便開始在西方勢力入侵之下逐步解體。原來的士、農、工、商各階層都面臨著失序的絕大危機，必須重新調整自己的生活方式。但在舊規範已破、新規範未立之際，多數安份守己的士、農、工、商——所謂「四民」——都不免徬徨無所適從，而原來處於四民邊緣的那些游離或半游離分子則得到前所未有的活動空間。這些社會邊緣的游離分子後來便構成了中共的主體。這中間自然有一個發展的過程。共產國際最初爭取的對象是陳獨秀、李大釗等知識界領袖，因為祇有他們才有足夠的號召力。所以早期的中共黨員幾乎全是知識分子；而當時中國知識分子也是從無政府主義浪漫理想的基礎上，接受馬列主義的。但是一旦進入「革命行動」的階段，組織和權力便越來越比理想更為重要了，所以中共的「革命」和黨內所謂「路線鬥爭」是同時開始的。黨內鬥爭的經過雖然複雜，但是就整體趨勢而言，則可以說是知識分子逐步靠邊站，而各類邊緣游離分子則逐步進入權力核心的歷程，即使在知識分子群中，我們也清楚看到受過正規教育的知識分子讓位於「半知識分子」(semi-intellectuals) 或「冒充知識分子」(pseudo-intellectuals)。中共雖然一向以「走群眾路線」自豪，但一究其實，它所依賴的骨幹分子主要也是所謂「痞子」、「無賴」、「光棍」、「流氓」之流。張國燾和龔楚（紅七軍軍長）的回憶錄，以及伊羅生 (Harold R. Isaauos)《中國革命的悲劇》都提供了第一手的資料。安份守己的農民並不肯追隨「紅軍」在鄉間鬧「革命」。他們甚至把「紅軍」看作「土匪」。中共是以「無產階級先鋒隊」自許的，但一九二〇年代中國的現代產業工人為數極少。據一九九二年中共黨史出版社所編的《中國工會史》，當時產業工人不過兩三百萬人，僅佔全中國人口的百分之零點四左右。但不可否認共產國際曾將一套鼓動工潮和操縱群眾情緒的經驗傳給了中共，使它可以通過少數邊緣分子的骨幹有效地發動大規模抗爭。這就是毛澤東所做的，「群眾運動便是運動群眾」。三十年代以後中共的社會成分即是以各階層邊緣人為主體。邊緣人在中國史上一直是「造反」、「打天下」的發動者，他們別有傳統，不但與儒、釋、道的大傳統不同，也和一般善良老百姓的民間傳統大異其趣。張國燾說「老毛懂得舊社會旁門左道那一套」，這句話真是一語破的（見《我的回憶》，第三冊，頁一二三五）。但這一套和馬列主義的「階級鬥爭」結合起來，其破壞的威力便是無限的。

第二，中共奪取政權的另一個重要憑藉是中國民族主義的力量。中共最初祇是共產國際的中國支部，已如上述。所以從意識形態說，他們是「國際主義者」，認同於「工人無祖國」的基本立場。但是中共在實際發展過程中卻主要依靠著中國民族主義的激昂情緒。二十世紀中國民族主義主要表現為抵抗帝國主義的侵凌，一九一九年五月四日爆發的學生運動（狹義的「五四」）便是明證。恰好列寧也發展了關於帝國主義的理論，中共黨人以此為藉口，便可以充分利用中國人的「反帝」的民族情緒。我們試看中共最初在廣州、上海等地所發動的工潮，幾乎全靠「反帝國主義」的狂熱，而英國在華的種種囂張行動更成為中國民族主義攻擊的主要對象。一九二五年上海「五卅」慘案所激起的全國各大城市罷工和同年六月廣州的「省港大罷工」都是英國人挑起來的，給予中共在工人運動中的組織和發展提供了最好的機會。這些罷工運動與其說是中國「無產階級」意識的覺醒，毋寧說是中國人一般民族意識的總爆發（可參看陳永發《中國共產革命七十年》，臺北，聯經，一九九八，上冊第二章第三節）。

中共不但靠民族主義起家，而且最後更是趁著中國的民族危機而奪得政權的。中共雖善於鑽民族主義的空子，發展自己的勢力，但它畢竟要聽命於共產國際的領導，至少在最初二、三十年中是如此。所以中共早期領導班子仍然首先是「國際主義者」，民族主義祇有工具價值，不是他們追求的最高理想。中共最初在廣東和江西建立的「工農武裝割據」都稱之為「蘇維埃政府」便是明證。當時的農民根本不懂得這個俄國字是什麼意思。中共的國際主義取向是它在一九二七年以後步步失敗的主要原因。但三十年代以後日本對華的侵略一天比一天緊迫卻給中共帶來了起死回生的大轉機。一九三六年的「西安事變」更是關鍵中的關鍵，這是大家都知道的，不必多說了。如果不是八年抗日戰爭，中共決不可能在中國奪得政權。一九七二年毛澤東當面向來訪的日本田中首相「感謝」皇軍幫助了「中國革命」的提早成功，確是一句由衷之言。

中共「打天下」成功當然是由許多歷史因緣湊合所致，上面所舉的不過是其中最主要的兩項而已。但是這兩項卻可以解釋五十年來中共統治下發生的種種千奇百怪的現象。社會邊緣人物在中國歷史上「打天下」成功的例子不少。漢高祖和明太祖便是最著名的兩個。但是那時的邊緣人在奪得天下之後，祇有依靠傳統的價值系統和倫理規範才能達到「治天下」的目標。所以劉邦和朱元璋最後都必須歸向中國文化的主流，特別是儒家的規範。但領導中共的一批邊緣分子，尤其是毛澤東，則是在中國價值系統和倫理規範崩解以後奪得政權的，他們把「五四」的反傳統思潮推向極端，徹底唾棄了中國的文化傳統。陳獨秀所反對的不過是歷代帝王和袁世凱所歪曲的「孔教」，他對孔子、孟子本人所表現的人文精神則仍然保持著敬意（見鄭學稼《陳獨秀傳》，臺北，時報，一九八九，下冊，頁九六〇）。毛澤東已沒有陳獨秀的文化修養，他基本上是以激進而虛無的態度對待中國文化的。「文革」的「破四舊」和「批孔」是必然的結局。中共黨人常引用他的「精華」和「糟粕」二分之說，其實祇是一句空洞的門面話。以毛所領導的黨在奪取「天下」以後，已不可能像劉邦、朱元璋那樣回向中國文化主流了。此中一大關鍵是中共的黨組織最早祇不過是共產國際的支部，一九四九年建立政權後又基本上抄襲了斯大林體制的成規。換句話說，這個政權的模式主要是從蘇聯移植到中國來的。中共一直到今天還是奉馬、恩、列、斯為它的「道統」，毛和鄧比起這四大洋神總是矮了一截。因此這兩個中國人祇配稱作「思想」，決不敢與四大洋神並肩稱作「主義」（"Maoism" 是西方人的用法）。真正的民族主義都必然包涵著對民族文化的尊重和信仰，儘管其中仍然貫注著批評的精神。祇要中共一天不放棄馬列主義這個外來的「道統」，它便不可能回到中國文化的主流，中共黨人也不可能成為真正的民族主義者。「民族主義」和「中國文化」都不過是中共的方便工具，祇有在陷入危機或出於「統戰」需要時才加以利用。以往如此，今天依然如此。

我讀了派普斯（Richard Pipes）兩大卷關於俄國革命和蘇共統治的歷史之後（*The Russian Revolution*, 1990; *Russia under the Bolshevik Regime*, 1994），才懂得中共五十年的統治不可能僅從中國史本身求得完全的理解。我們必須把這五十年和蘇共七十五年的興亡史對照著看，然後才能明白五十年來為什麼中國出現了那麼多荒謬絕倫的怪事。舉幾個最明顯的例子：如果不知道俄國原有四等級的農民，我們如何能懂得中共為什麼一定要把中國農民硬分成貧、下、中、富四級？如果不知道列寧是怎樣操縱群眾的，我們如何能懂得中共的「群眾路線」？如果不知道列寧「無產階級專政不受法律約束」之說，我們又如何能把握到毛澤東「無法無天」的真義？所以中共五十年統治史，在一個很重要的意義上，也是蘇聯七十五年歷史的延伸。

中共五十年的統治自然有它的「中國特色」，這是不成問題的。但是正如「具有中國特色的社會主義」這個提法一樣，「特色」究竟是次要的，主體則仍然在「社會主義」。在整個毛澤東時代（一九四九——一九七六），列寧、斯大林體制構成了中共統治的主體，毛澤東個人雖然表演了不少「中國特色」，但是我們必須強調，「皮之不存，毛將焉附」？離開了主體，「特色」是無所附麗的。鄧小平時代是原有體制發生變異的開始，然而到今天為止，變異僅僅出現在經濟體制上，政治體制仍然原封未動。鄧小平說過：「不進行政治體制改革，經濟體制改革就深入不下去，而且已經取得的成果還會喪失。」這確不失為一句具有遠見的預言。在我們等待著「政治體制改革」的到來之際，重溫蘇聯七十五年的歷史還是很必要的。

一九九九年九月三十日

（金鐘主編《共產中國五十年：非官方紀錄的歷史真相》，香港，開放，一九九九）

吳稼祥《頭對著牆：大國的民主化》序

這是一部「不拘一格」或「別具一格」的著作。其所以如此，是因為它的作者恰好生值一個最不尋常的時代，而又具有一番最不尋常的經歷。讀過吳稼祥先生《頭對著牆：大國的民主化》原稿之後，我的第一個深刻的印象是：這是一部政治反思的自傳，全書自始至終無不有作者自己的經歷貫穿其間。

我和作者祇有過一次晤談，內容主要環繞著本書的主題，未及其他。因此我對於他的經歷幾乎一無所知。讀完此稿之後，我才獲得下面這個大概的輪廓：他在八十年代中期參加了中共中央書記處辦公室的文件起草工作，先後追隨過胡耀邦和趙紫陽。胡耀邦主持中共十三大報告起草時，他也是起草班子的成員之一。後來趙紫陽取代了胡的總書記職位，他自然而然地便成為趙系統中的成員。這大概是他在一九八九年的政治身分，並為此付出了沉重的代價。但是作者並不是傳統的「幕友」，祇知一味揣測「府主」的心意，然後「操翰」成章，如清代汪中所謂「一從操翰，數更府主。俯仰無趣，哀樂由人，如黃祖之腹中，在本初之弦上」。相反地，作者擅於獨立思考，更富於研究精神。當時正值從經濟改革轉向政治改革的關鍵時刻。為了配合業務，他也從研究經濟學轉向研究政治學。但是他的研究卻不是從學術專業的角度出發，而著眼於通識與效用。中國傳統知識界曾流行過「博士之學」與「士大夫之學」的劃分。前者指經生的專門絕業，其特色是「窄而深」；後者指一般從政者所具備的基本常識，其特色則是「博而通」。所以「士大夫之學」在過去一直是和「通經致用」的觀念分不開的。這一傳統劃分，無論就名詞與內涵而言，自然都已不適用於今天。然而「專家」和「通才」的分野在今天全世界都依然存在：學院中人屬於前者，公共領域中的知識人則屬於後者，不過知識分工越來越細，知識領域也越來越大而已。作者無疑走的是「通才」的道路，他研究經濟與政治也是為了「致用」。通過他的獨立思考，作者在八十年代曾提出一系列的改革建議，如「股份化」、「個人所有權」等。在當時顯然都是具有突破性的觀念。但是真正使作者陷入政治和思想的風暴中的，似乎是他在一九八九年一月所發表的那篇〈新權威主義述評〉。這篇文字一方面引起了當時知識界的強烈批評，另一方面竟有一番意想不到的際遇。本書第一章有一段趙紫陽和鄧小平的對話值得引述：

> 趙說：「現在理論界有一種觀點，叫做新權威主義，意思是說在現代化建設過程中，不可避免地會出現這樣那樣的問題或混亂，還會出現反改革的干擾，為了堅定不移地推進改革開放，我們必須排除障礙，保持穩定，建立秩序。為此，在必要的時候，不惜採取鐵腕手段……」「我就是這個主張。」不等趙先生說完，老頭子就斬釘截鐵地說。

我特別摘錄這一段對話，是為了說明兩個問題：第一，對話發生在胡耀邦死前不久，鄧小平以「鐵腕」鎮壓「六四」於此已見端倪。所以這段記錄具有史料的價值。第二，這是作者的政治和思想生命史上的一個最重要的轉折點，也是本書的緣起。「新權威主義」的觀點得到鄧小平「肯定」之後，作者在知識界的處境自然更為尷尬了。用他自己的話說：「我自己的形象就變得有些可憐。我覺得被人罵得體無完膚，要比別人給我附加某種曖昧形象要舒服得多。」正是為了要表明心迹，他才和朋友在五月中旬聯名給天安門廣場上的學生寫了一封公開信，表示支持，這件事卻又成為他後來入獄三年的導火線。

現在事過境遷，我們再回頭看看當時聚訟紛紜的「新權威主義」，好像「輕煙散入五侯家」一樣，對於政局的推移並無左右之力。事實上，遠在六十年代末期，即杭廷頓關於權威主義的理論初面世時，臺灣學術界便已討論過這個問題，但也沒有發生任何顯著的作用。這主要是因為此說僅僅是對於某些權威政府的國家所作的經驗總結。即使觀察可信，也不過是事後諸葛亮，而沒有指導政治行動的功能。何況鄧小平已有「四個堅持」作為意識形態的根據。他何取於理論效力較弱的新權威主義？當時真正欣賞它的恐怕反而是趙紫陽吧！無論如何，新權威主義終不過是曇花一現，僅足供讀史者憑弔而已。

但是對於作者而言，新權威主義的提出畢竟是一件大事。作者今天早已超越了這個觀點，然而「權威」的概念卻為他提供了近十年來關於分析中國問題的契機。本書取名《頭對著牆：大國的民主化》便是最明白的證據，而他在〈自序〉中也作了明確的交代。尤其使我印象深刻的是作者說，他最珍視的是從秦城監獄中偷帶出來的一張發黃的紙片。這張紙片上寫的便是本書的原始構想的幾條綱要，全是環繞著「權威」這一概念而形成的。大體上說，他以「權威」為始點，在內涵方面越分析越細緻，在外延方面則越推擴越廣大。所以涓滴之水終匯成巨川，寫成了幾十萬字的一部大書。我可以說，他進秦城監獄時似乎還是一個新權威主義者，出來的時候已變成一個聯邦論者了。他為什麼會有這一轉變？轉變的過程有些什麼曲折？這些問題都是十分複雜而有趣的，讀者必須細讀本書才能獲得答案，不是三兩語可以說得清楚的。

本書大致包涵了兩個層次：第一個層次是對於中國現狀的分析；第二個層次則是在現狀分析的基礎上提出關於中國出路的構想。限於篇幅，這裏不能涉及構想的部分。但是我認為本書最大的貢獻是作者對於中國現狀的深入觀察。他所運用的一些感性描述詞，如「荼蘼現象」、「一桶江山」、「穀倉結構」等確是既形象生動，又入木三分。這自然和他的不尋常經歷是分不開的。他不但出入過紅牆（中南海）和黑牆（秦城），而且出獄後為了謀生，還一度開過小茶館，成為他所說的「第四等級」的邊緣人。沒有這一「上窮碧落下黃泉」的生活背景，他便不可能把中國社會的上上下下都看得一清二楚。這是他和一般書齋中的知識人最不相同的地方。

我已說過，本書不是學院式的著作，而是作者根據切身體驗，加上十年「面壁」，在苦思中得來的。這正是它的優點，而不是缺點。所以本書絕沒有藉「西方學術權威」的調子起舞。僅此一點，本書已給人耳目一新之感。無論我們同意或不同意他關於中國未來出路的展望，我們都不能不承認他說的是他自己真正相信的話。就現狀分析這一層次而言，他對於「極權僭主政權」的觀察不但根據確鑿而且探驪得珠之見隨處可遇。這是任何人都不能抹殺的。作者在〈自序〉中說，他「試圖把悟性思維、理性思維和感性思維三種思維形式都調動起來」。這句話並不誇張。我願意下一轉語：他的「理」是即事以立理而不是持理以限事；他的「悟」是觸處皆悟；他的「感」則是通感（Synesthesia）。作者遠道索序，情不可卻，姑略抒所見，以待讀者之印證。

二〇〇〇年二月二十五日序於普林斯頓

（吳稼祥《頭對著牆：大國的民主化》，臺北，聯經，二〇〇〇）

單少傑《毛澤東執政春秋》序

單少傑先生費了多年工夫寫成這部《毛澤東執政春秋》，而且不計個人的利害得失，毅然刊布，充分體現了孟子所謂「大丈夫」的風骨，僅此一點，已使我欽佩無已。但本書的價值不止此，單先生是哲學家，具有思想的深度。我匆匆讀過原稿和〈關於本書寫作理念〉，才懂得他的用心之苦。他不僅僅是寫一部當代的信史，而是要重建價值系統，使中國人能恢復辨別善惡是非的能力。作者服膺康德哲學，他所處理的不但是歷史知識問題，而且也是道德問題。思辯理性和實踐理性，真與善，兼收而並蓄，是本書的一個最顯著的特色。他所用的「春秋」兩字取自孔子的原義。《春秋》是中國史學的大宗，兩千年無異辭。清代中葉考證學大興，褒貶之說漸受冷落，但章學誠仍然大聲疾呼曰：「史之大原，本乎

《春秋》，《春秋》之義，昭乎筆削；筆削之義，不僅事具始末，文成規矩已也。以夫子義則竊取之旨觀之，固將綱紀天人，推明大道。」（《文史通義》卷五〈答客問上〉）

二十世紀以來，中國史學受西方實證主義的影響甚大，幾乎沒有人懂得《春秋》的深刻涵義了。但陳寅恪先生在一九六四年〈贈蔣秉南序〉中說：「歐陽永叔少學韓昌黎之文，晚撰《五代史記》，作『義兒』，『馮道』諸傳，貶斥勢利，尊崇氣節，遂一匡五代之澆漓，返之淳正。」（《寒柳堂集》）

陳先生中歲以前，治史也極盡客觀實證之能事，但晚經患難，終於回到《春秋》的傳說，於歐陽修仿《春秋》而寫成的《新五代史》特致推重如此。《春秋》之義在今天仍在史學上表現出生命的躍動，於此可見。

司馬遷在《史記．孔子世家》中說：「《春秋》之義行，則天下亂臣賊子懼焉。」但他又在〈自序〉中引董仲舒的話，說《春秋》之旨在於「貶天子，退諸侯，討大夫」。這是公羊家口傳的孔子「大義」，可以說明《春秋》批判對象並不限於「亂臣賊子」，「無道」的「天子」也同樣在孔子「口誅筆伐」的範圍之內。歷代皇帝對於史官的畏憚便是《春秋》

確曾為中國人維護正義的顯證。所以近代史學大家柳貽徵先生也十分重視史官直筆，而逕以「史權」兩字稱之（見柳貽徵〈述實錄例〉，《國史館館刊》第二卷第一期，一九四九，頁一——九）。雖然過去有人懷疑過《春秋》究竟能不能發揮「亂臣賊子懼」的功用，但史實俱在，是無法否認的。讓我舉一個後世的例子為證。《晉書》卷八十二〈孫盛傳〉云：「《晉陽秋》（按：「陽」字即「春」字，因避諱而改）詞直而理正，咸稱良史焉。既而桓溫見之，怒謂盛子曰：枋頭誠為失利，何至乃如尊君所說！若此史遂行，自是關君門戶事。」可見桓溫多麼怕《晉陽秋》的「詞直而理正」，以至要通過孫盛的兒子，以滅其一門為威脅。這個桓溫不是別人，他留下了一句名言：「既不能流芳後世，不足復遺臭萬載耶！」（《晉書》卷九十八〈桓溫傳〉）可見他嘴上雖說「遺臭萬載」也足以自豪，心裏還是怕被「釘在歷史的恥辱柱上」。

作者為了維護《春秋》的褒貶傳統，曾對黃仁宇先生的觀點反覆質疑。黃先生早年在密西根大學寫明代運河的博士論文時，我恰好趕上做他的論文指導人。論文完成後，我又介紹他到哈佛大學東亞研究中心繼續作研究，寫成了《明代的稅制》（或稱為《十六世紀明代財政與稅收》，臺北，聯經，二〇〇二）一書。甚至他在紐約州立大學的教職，也是由我一力推薦的。我和他的關係很深，不能不說幾句話。黃先生比我年長十幾歲，他是軍人出身，卅多歲才在美國上大學，勤苦奮鬥，著述不輟，是一位極可敬佩的學人。他深受中國文化傳統影響，最初堅持以「師禮」待我，但我堅決拒絕，因為在西方擔任論文指導的名義祇是一形式，即使有所商榷，也是彼此都有進益。我引戴震不肯接受段玉裁、姚鼐為弟子的話，主張不妨「交相師」。他不得已而讓步，但仍引傅君劍贈胡適句：「文章風義友兼師。」因此我和他的關係可以說是「在師友之間」。但是他對中國史的看法和我頗有不同。這在西方是十分正常的事，我們之間也並未因之而減少互相間的尊重，一直到他逝世前都是如此。

黃先生是研究經濟史出身，他的《明代的稅制》引用了《明實錄》中大量的統計數字。這是他「數目字管理」說的來源。他大概又受到法國年鑑派的社會經濟史的影響，重視長期性的結構，這樣便形成了「歷史的長期合理性」的觀點。所以他的看法是有堅強根據的，絕非興到亂說。這一點我必須為他辯護。但西方史學早已進入多元化的階段，不再有統一的史觀。多元並存是正常的現象，而且恰恰顯出史學界的活力。經濟史家與傳統派史家的爭論更是屢見不鮮。十幾年前美國著名的經濟計量史學家(cliometrician)佛格爾(Robert W. Fogel)和英國傳統巨擘厄爾頓(G. R. Elton)的激烈辯論曾經轟動一時，佛格爾引用大量統計數字研究美國南方黑奴，其結論曾引起不斷的爭議，他並因此而獲得經濟學的諾貝爾獎。佛氏是反對在史學中表達個人觀點和價值判斷的，厄氏則持相反的意見。但理性爭論的結果則是雙方都作出必要的讓步，也更理解對方持論的根據(可看他們兩人合著的*Which Road to the Past?*, Yale University Press, 1983)。黃仁宇的論點接近佛格爾，這是由於他們研究的對象相同所致。

最後，我願意指出，西方雖然沒有《春秋》褒貶的史學傳統，但西方史學史上所謂「道德判斷」(moral judgement)也是一個爭論不休的問題。十九世紀以來，西方史學主流在實證主義、甚至科學主義的籠罩之下，依照自然科學的模式處理人文現象，各式各樣的決定論主導著史學家的思路，不承認個人有真正的「自由」，個人與「物質分子」(molecule)完全相等。在這種認知之下，道德判斷自然無從談起。但另一方面，在二十世紀的史學實踐中，我們發現，想把史學變作自然科學同類的東西在事實上是不可能的。西方史學家，特別是猶太籍的，寫至希特勒統治下的納粹德國，使用的語言恰恰符合《春秋》筆法。一九五〇年代以來，不少有慧見的史學家和歷史哲學家已突破了決定論的牢籠，坦率地指出：在歷史中尋找所謂「規律」或「因果律」是徒勞無功的。這種努力過去不曾成功，現在沒有成功，將來也不會成功。以薩．柏林（Isaiah Berlin）在一九五〇年代初所寫的〈歷史必然性〉（"Historical Inevitability"）那篇長文，尤有劃時代的意義。西方史學傳統的褒貶（praise and blame）語言又在他的筆下復活了。由於詮釋派人類學進入了史學領域，以及新馬克思主義者放棄了所謂「下層基礎」和「上層建築」的荒謬劃分，許多史學家今天已從追尋「規律」轉為追尋「意義」。孔子所謂「其義則丘竊取之矣」的話於是又獲得了現代的詮釋。

一九九四年哈佛大學俄國史大家派普斯（Richard Pipes）刊行了《布爾什維克政權下的俄國》（*Russia under the Bolshevik Regime*）一書，他在書末提出了這樣的問題：面對著這一場空前的災難，史學家是不是應該還是保持冷靜，像科學家面對著自然現象一樣，不動一絲感情？他所給予的答案是徹底否定的。他先引一位十九世紀德國史學家的話：「我認為寫史必須帶著憤怒和熱情。」再引亞里斯多德《倫理學》上的話：「對於應該憤怒的事情而不發怒的人，我們祇能以愚人視之。」派普斯最後更提出了一個有力的反面論證：拒絕對歷史事件下判斷其實也是根據一套道德價值的系統。沉默等於承認一切發生過的事情是自然的，因而也是對的。這是為歷史上所有勝利者做辯解的一種說辭（頁五〇九——五一〇）。毛澤東和史達林第一次見面時，有下面這一段有趣的對話：

史達林非常激動，對毛主席讚不絕口，說：「偉大，真偉大！你對中國人民的貢獻很大，你是中國人民的好兒子！我們祝你健康！」

毛主席回答說：「我是長期受打擊排擠的人，有話無處說……」

毛主席言猶未竟，史達林卻把話接了過去：「勝利者是不受譴責的。不能譴責勝利者，這是一般的公理。」（師哲，〈陪同毛澤東訪蘇〉，見《毛澤東軼事》，湖南文藝，一九八九，頁三三六。）

史達林最後一句話是所有共產黨人都接受的「公理」。這條「公理」在西方可以追溯到黑格爾的名言：「凡存在，即合理。」(Whatever is is right.) 在中國政治思想史上，陳亮（一一四三——一一九四）的觀點也可以與之相印證：「功到成處，便是有德；事至濟處，便是有理。」試問：如果我們真的擁抱這一「公理」，真、善、美一切價值還能在人間找得到一隙存在的餘地？

我特別引派普斯《布爾什維克政權下的俄國》和單先生《毛澤東執政春秋》相印證，因為這兩部書恰好遙相呼應。無論就政權的性質、歷史過程的悲慘、或主要人物的殘忍而言，這兩部書都是處處相稱的。派氏全書終於這段歷史的「道德涵義」(moral implications) 正相當於單先生的「春秋」。派氏引康德「人是目的，不是手段」的經典之論，又引波普 (Karl R. Popper) 的名言：「每一個人祇有為自己可選擇的志業而犧牲的權利，但任何人都沒有權利去鼓勵別人為一個理想而犧牲。」康德和波普不也是單先生最欣賞的哲人嗎？「人同此心，心同此理」，於此見之。

讀了派普斯這些議論，單先生也許會感到「吾道不孤」吧！

序於普林斯頓

（單少傑《毛澤東執政春秋》，香港，明鏡，二〇〇〇）

阮銘《民主在臺灣》序

——打破「西方民主」的迷思

這部《民主在臺灣》是阮銘先生和他的朋友們合力寫成的，全書共分五章，順著歷史的線索，分析了這五十年來民主在臺灣的發展。作者的視野廣闊，觀察敏銳，文筆犀利，全書一氣呵成，而段落分明，確實是一部精心之作。但此書同時又具有深厚的學術價值，決不能與一般新聞記者的報導文字等量齊觀，作者在每一單元的論斷都是以大量並且是第一手的文獻為根據的。其中也包括了作者對民主運動的重要參與者的訪談記錄。所以本書不是一般的時論，而是一部嚴肅的歷史研究。我讀完全稿，欽佩之餘，也不免發生了許多感想，下面略述一二，以就正於作者和讀者。

臺灣民主化是一個和平演變的過程，在這一過程中，一九九六年的全民投票直選則是一個最重要的里程碑。民主如果不能達到一人一票決定政權轉移的境地，則是畫龍而未點睛，執政集團的合法性終不免受到懷疑。一九六〇年臺灣國民大會選舉第三任總統，是當時爭議最大的政治事件，這一年的二月二十一日胡適答《徵信新聞》記者問題時曾說：「在目前，總統的選舉是間接性質，選票在（國民大會）代表手中。將來應該由人民直接選舉。」胡適早在三十年代《獨立評論》時期便已全力提倡直接選舉，此時又舊調重彈。但當時的讀者似乎並沒有多少人重視這個意見，甚至他本人也只是硬著頭皮這樣說，未必真敢相信這個夢想可能在短期內實現。不料三十六年之後，臺灣的總統選票竟真的落到了每一個成年公民的手中，這不能不說是一個政治奇蹟。今年（二〇〇〇）的總統大選又在臺灣民主史上寫下了一個更新的里程碑。在臺灣執政了五十年的國民黨居然為民進黨所擊敗，第一次出現了透過選舉而和平轉移政權的局面；更難得的是執政黨和聲勢浩大的親民黨都同樣表現出高度的民主風範，坦然接受了失敗的事實，一點也沒有運用它們的巨大勢力阻撓新政權的成立；親民黨本是從國民黨分離出去的，這兩黨加起來的選票遠超過民進黨當選的票數。這就說明臺灣的民主已完全成熟了。

其次，這兩次大選的成功不但實現了臺灣人民當家作主的長久願望，也徹底否定了中國傳統的文化是民主的最大阻力的謬論。作者在〈緒論〉中指出，臺灣是「第三波民主國家的東方典範」，這決不是一個誇張的說法。但是我要指出，提出「第三波」這一概念的杭廷頓（Samuel P. Huntington），在他一九九一年的《第三波》名著中便一再指出儒家文化與社會不適於民主的成長，甚至在《文明衝突》（一九九六）的新作中，他仍重複這個意見。在他看來，第三波民主化的國家都有基督教文化的背景，儒教和伊斯蘭教則適成民主的「障礙」。這種爭論不始於杭氏，他不過是接受了其他專家的觀點而已。

撇開政治不談，臺灣的文化和社會源於中國的傳統，這是一個無可否認的事實。從文化和社會的角度看，臺灣民間所保存的儒家文化遠比中國大陸來得深厚。這是因為在整個二十世紀的歷史過程中，臺灣始終沒有受到暴力革命的摧殘。它的民間社會雖在種種政治壓力之下，卻仍然持續不斷，與世俱新。儒家文化具有十分複雜的內涵，決不能簡單地與王朝專制的體系混為一談。三十年代的國民黨和今天的共產黨都用「國情」兩字為藉口，拒絕所謂「西方民主」，堅持「一黨專政」。其實「民主」是不是從開始便完全屬於西方文化的專利品，現在已頗有問題了。今天研究古代希臘民主起源的人已承認一個可能性，即城邦民主的制度也許最先出現在西亞的腓尼基人(Phoenicians)那裏。總之，民主不必與西方文化之間劃上等號，中古基督教中也儘有「非民主」或「反民主」的因素，這是可以斷言的。相反的，臺灣的民主化至少也證明中國文化決不是與民主制度不能並存的。「國情」之說至此已徹底破產。大陸上開明的知識人都對臺灣這兩次大選抱著無限嚮往和期待，正是由於在他們的眼中，這是中國史上的破天荒之舉，本書作者在第一章稱臺灣為「民主快車的火車頭」，這和我一向的看法是一致的。

最後，我願意指出，民主不過是政治生活中一個最正常也最普通的安排方式。它並不能直接解決一切嚴重的社會、文化、經濟問題，但為解決這些問題提供了一個不可或缺的政治起點。民主的最重要意義是使每一個社會成員都能成為自作主張的政治主體。至於怎樣運用這一得來不易的主體身分，以逐步提升社會的品質，如公平、自由、創造力等等，那當然仍得取決於每一成員的智慧與修養。民主化的成就使我們深信臺灣人民有能力和機會逐步解決社會本身的種種難題。但臺灣民主仍然受到一個不易克服的外在威脅，即海峽對岸的專橫政權。在中國大陸沒有開始走向民主之前，這個真實的威脅總是存在的。所以，臺灣人民必須對於中共統治集團經常保持清醒的認識。今天臺灣內部不乏「利令智昏」的政客與商人，他們一直是中共「統戰」的主要對象。民主也為這一類的人提供了活動的空間。如果大多數人缺乏判斷力，另一種「沉淪」的可能性還是不能排除的。我既不願危言聳聽，也不願虛詞寬慰：臺灣並未面臨所謂「明顯的、眼前的危險」，但在民主的基礎還沒有十分鞏固之前，對於內外敵人的警惕心卻是不能片刻鬆懈的。所以阮銘先生在本書〈結語〉中論「民主在臺灣鞏固了嗎？」一節，最為先獲我心。他的語重心長，是值得讀者深思的。

二〇〇〇年九月十八日

（阮銘《民主在臺灣》，臺北，遠流，二〇〇〇）

《百年來兩岸民族主義的發展與反省》序

——略說現代中國民族主義與民主的關係——一個歷史的體察

民族主義關係著民族的集體認同與集體尊嚴，這是近代和現代史上一股最強大的力量。十九世紀中葉歐洲的民族國家 (nation-state) 的建立走完了它的歷史過程以後，西方人普遍認為民族主義已開始退潮。所以馬克思也視民族主義為一種反動落後的東西。但是由於西方帝國主義勢力的侵入，十九世紀中葉卻恰恰是中國現代民族主義開始萌芽滋長的時刻。從鴉片戰爭到今天，中國人的民族主義激情始終沒有減退，有時甚至達到狂熱的程度。但是歷史充滿著弔詭：中國人在反西方帝國主義的同時，卻又在西方發現了一樣東西——是中國人過去曾模糊地想像過但從未清楚地提出過的東西——即民主的政治制度和與之相偕而行的個人自由與尊嚴。所以一百五十年來，中國人對於西方一直抱著兩個相反的情緒——

一方面憎恨它的侵略，另一方面羨慕它的民主。當然近代與現代的中西關係並不限於這兩點，但這兩點確是最突出的，也是推動中國現代化的兩個最重要的心理動力。

在這篇短序中，我不想孤立地處理民族主義問題。我的基本構想是將民族主義和民主合在一起討論，以解開二者在現代中國史上的糾結。我的專業是史學而不是政治理論。因此我衹作歷史觀察而不作理論分析。後一方面工作的重要性是不待說的，但必須留給政治學家去作系統的發揮。史學有鑑往知今的任務；這雖是一篇史學作品，卻不能與當前的中國現實全無交涉。不過在涉及現實的部分，我所憑藉的仍然是歷史的透視。所以此序並不是時論，它所涉及的現實僅限於基本原則，而不評判具體的人與事，衹有如此，歷史觀察才能保持其最大限度的客觀性。

在二十世紀，民族獨立和民主同是中國人追求的基本價值。但兩者相較，民族獨立的要求卻比民主的嚮往也不知道要強烈多少倍。這是我們必須首先認清的歷史事實。孫中山的三民主義首標民族主義，其次才是民權主義（按：即民主），這一先後次序便真實反映了中國人的普遍心理。二十世紀上半葉，中國一共經歷了三次政權更換：一九一二年滿清讓位於中華民國，一九二七——二八年北伐，建立了南京的國民黨政權，和一九四九年中共建立了北京的共產黨政權。我們稍一追究這三次政權移轉的歷史，便不難發現原動力無不來自民族主義。不過中國近代史上民族主義的成分相當複雜，不能不稍作分辨。

辛亥革命所憑藉的民族主義是中國傳統的，並不是從西方傳來的，因為它的主要號召力是「排滿」，即推翻滿清王朝的統治。所以一九〇二年東京革命派留學生開「支那亡國二百四十二年紀念會」，一九〇五年同盟會誓詞中民族主義也祇是「驅逐韃虜、恢復中華」八個字。當時大概祇有孫中山對歐洲的民族主義較有認識，但追隨他革命的人則仍然取傳統的解釋。他們的基本策略是，恢復明清之際民族仇恨的記憶——如「揚州十日」、「嘉定三屠」之類以激動人心。儘管辛亥革命是在「列強瓜分在即」的背景下發展起來的，現代的民族主義意識至少還沒有透顯出來。

北伐時期的民族主義則已是現代的，它所針對的是帝國主義的侵略。一九一九年的「五四」學生運動是現代民族主義在中國的成熟表現，「外抗強權、內除國賊」的口號事實上已為未來的北伐規定了具體的目標。但是北伐時期的民族主義又有其特殊的歷史背景。一九二四年孫中山「聯俄容共」的政策引起了西方列強對改組後的國民黨的疑忌，因而阻擾國民黨的革命活動，其中尤以英國人最為囂張，香港殖民政府和上海英租界當局的種種作法等於向中國人展示西方帝國主義的活樣本。一九二四年香港政府暗中鼓動廣州「商團」與孫中山革命政府作對，和一九二五年上海英租界所發生的「五卅事件」，不過是兩個最著名的例子而已。所以北伐時期中國民族主義的新高潮是以英國為主要對象而激成的。北伐之所以迅速地取得勝利，民族主義的激動是一個不容抹殺的精神要素。

中共政權成立的主要憑藉也是民族主義，我已一再陳述過，不必多費筆墨。這裏衹需著重指出，它對民族主義的操縱與利用主要得力於日本的侵略。從西安事變到一九三七年抗戰開始，是中共由脫離困境走向大規模發展游擊根據地的兩大關鍵時刻。一九七二年毛澤東當面向來訪的日本田中首相感謝「皇軍」幫助了他的「革命」，確是一句脫口而出的由衷之言。但是毛澤東為了凝聚中國人對中共新政權的向心力還必須經過一次重大轉折，即調動中國人百年來對西方帝國主義的憤怒情緒。因此他必須在抗戰結束之後化「反日」為「反美」。這一努力在一九四九年間衹得了部分的成功。中共深知中國知識階層，受美國文化與教育的影響太大，一時不容易肅清。毛澤東在評《白皮書》中特別提出「民主個人主義者」為批評的對象，即其明證。這樣我們才能懂得毛澤東為什麼會不計一切後果，決心要打韓戰。關於中共參加韓戰，由於前蘇聯檔案一部分已經公開，我們知道其內情是極其複雜的。但這不是本文要討論的問題。我祇想指出，毛澤東認清了：祇有與美國正式打仗才能徹底達到全國「反美」的目的。也唯有如此，他的政權才能最大限度地建立在民族意識的基礎之上。五十年代末期，由於「大躍進」之類的冒進政策招致了重大的危機，他更進一步公開「反蘇修」，再度乞靈於民族主義，以解除困境。所以在上述三個政權之中，祇有中共對民族主義的運用才達到了最為淋漓盡致的境地。

上面我們以最簡要的方式說明民族主義在二十世紀中國史上所發揮的巨大力量。在這一力量的對比之下，我們才能進一步探討民主在現代中國的命運。民主或民權的概念在十九世紀末葉已傳到中國。最早宣揚這一價值的主要是受儒家文化薰陶，但同時又主張改革的知識人。王韜、郭嵩燾、薛福成等初到歐洲，親見西方民主制度的實際運作之後，幾乎都異口同聲把它和「三代之治」相提並論。早期儒家知識人欣賞民主或民權大致集中在三個方面：第一是政權和平轉移，不必每一次改朝換代便必須經過一場暴力動亂，殺人如麻；第二是人民接受的政治權威是經過自己同意的，這是「民約論」為什麼特別受到晚清學人青睞的原因；第三是個人的自主和尊嚴在民主體制下可以受到最有效的保障，這裏我必須順便指出譚嗣同在《仁學》中便已十分重視「個人自主」的觀念。民族主義以民族或國家的集體為出發點，所追求的是整個民族或國家的自主；民主或民權則最後必須落實到個人（包括個人的家庭），這便和今天最流行的「人權」觀念分不開了。王韜在英國看到犯人在監獄中所受到的「人的待遇」，曾深受感動，這大概使他聯想到古代關於「劃地為牢」的傳說。在這一點上他實已觸及「人權」問題的核心。然而他並不認為這是西方獨有的價值，而毋寧把它看作「古已有之」，但在西方卻獲得了實踐而已。這大致是「五四」以前，傳統知識人對於民主或民權的一般看法。孫中山後來在三民主義講演錄中仍然表達了這個觀點。

從歷史上看，我們可以說：近代中國人追求民族獨立是和追求個人自主同時起步的，民族主義與民主是一對雙胞胎。據孫中山自述，他最初祇有「民族」和「民權」兩個觀念，一八九六——九八年在歐洲逗留了兩年，受到社會主義思潮的刺激，才發展出「民生」的思想。而且在「五四」之前，他也是對民主抱著真誠信仰的極少數人之一。儘管如此，民主畢竟沒有像民族主義那樣，在近百年史上展現過真實的威力。不但如此，在上述三個中國政權下，民主的空間和政權依賴民族主義的強度恰成反比例。民國初年的政權建立在傳統的民族意識之上，滿清王朝解體以後，這種意識也隨之消失了。當時幾個主要黨派如北洋軍人官僚派，國民黨（原革命派）和共和黨（原立憲派）都在爭奪高層的權力，對於民間文化和社會力量的發展採取了不聞不問的態度。這是新文化運動（廣義的「五四」）得以持續成長的政治背景。民主觀念在中國知識階層中生根便發生在這一階段。但民主畢竟是個體本位而非集體本位的價值，這是它和民族主義的基本區別之所在。民主祇有實現在每一個個人的身上才有真實意義可說。所以「五四」時期的民主觀念是和個人意識的覺醒分不開的。早在一九一六年陳獨秀便已在《青年雜誌》（即《新青年》前身）正月號上正式揭櫫「尊重個人獨立自主之人格」的大原則，比文學革命還早一年。這篇文字上承譚嗣同（「個人之自主」）、梁啟超（《新民說》之權利必自個人始）和章炳麟（「個體為真，團體為幻」），下啟胡適所謂健全的個人主義（「易卜生主義」）。總之，在新文化運動時期，知識人對於民主的認識逐步加深了，也擴大了。民主不僅是一個空洞的政府形式，它提供了一個基本框架，使每一個人的尊嚴、自由、權利可以得到最低限度的保障。

這在以後的歷史進程中，由於民族主義的集體意識淹沒了個體的價值，民主始終祇存在於少數知識人的口中和筆下，而不能形成一種持續性的有力運動。一九二四年改組的國民黨採取了蘇聯「一黨專政」體制，孫中山在第二年便逝世了，國民黨領導階層中已沒有人深切理解「民權主義」的意義。所以國民政府奠都南京之後很快便和提倡憲法和人權的民主派產生正面衝突。一九二九年《新月月刊》所引起的風波便預示了以下十年民主在中國的命運。中共在抗戰後期為了「統戰」的需要曾巧妙的運用「民主」的號召力在國民黨地區開闢了所謂「第二戰場」，把許多追求民主的知識人，特別是青年學生都轉化為它的「盟友」。但是一九四九年以後中共終於露出了本來面目，通過「反右運動」，將「民主個人主義者」一網打盡。國、共兩黨能如此輕易地制住民主在中國的發展，並不是完全憑藉赤裸裸的暴力，我們決不能低估民族主義的精神力量。在日本侵略一天天加緊的三、四十年代，國家民族的生存確遠比個人的自由與權利重要。所以在抗戰前幾年，連道地的自由主義者也有主張「新式獨裁」的。一九四九年毛澤東「中國人民站起來了」一句話便使得許多一向信奉民主的知識人心甘情願地服從「黨的領導」。「犧牲小我、成全大我」，變成了中國人的天經地義。

從理論上說，國家民族的獨立和個人的自主是互相加強而並行不悖的關係。在整個民族的生存受到威脅的緊急狀態下，個人的利益必須服從國家的利益，這也是一般的常識，即使是個人主義最發達的美國，也承認有「明顯的眼前的危險」時候，個人的權利可以受到必要的限制。但是在國家民族的危機已消失的情況下，每一個人都必須恢復日常的生活秩序。民主則為這一日常的生活提供了最合理的秩序。這便進入了民族主義休假時期。在這一理解之下讓我們對中國大陸上的民族主義略作觀察。

中國大陸今天顯然沒有外在的威脅，相反地，在經濟方面，中共似乎正在擁抱市場的全球化。為什麼在這個時候中共反而極力推動民族主義的激情呢？此中原因複雜，一言難盡。這裏祇能略作推測。首先是中共的意識形態的危機。馬列主義早已破產，一黨專政的合法性必須另找基礎。民族主義加社會主義似乎是最方便的出路。這是從前納粹主義的老路，但可以繼續壓制人民對民主和人權的要求，因為「民主」和「人權」都已被中共官方解釋為「西方的概念」，不合中國的「國情」。所以中共近年來特別欣賞李光耀的「亞洲價值論」。其次是民族主義對海外華人仍具有很大的號召力。最近美國一家華文報紙曾以極顯著的標題報導：大陸上專家分析，中國將在十五年內達到與美國對抗的地位。這雖是五十年代「十五年超英趕美」的翻版，但是今天似乎更有說服力。海外若干華裔科學家也早有「二十一世紀中國將成為科技大國」的預言。這一特殊的民族主義其實是「天朝」意識的復活，在海外是有市場的。第三是民族主義可以逼使臺灣早日就範。依中共的估計，對於一部分在臺灣的中國人，民族主義可以發生「認同」的效力，但對於仍在抗拒或猶豫的人則可以有鎮懾作用，十二億大陸人民都要求「臺灣回歸祖國」，試想再拖下去將是什麼後果？

就我在海外所接觸到的大陸中國人而言，有些人似乎接受中共民族主義的洗禮，但更多的人則否認今天大陸上有如此聲勢浩大的民族主義激情。所以我不敢斷定事實究竟怎樣。我可以確定判斷的是大多數的中國人今天都要求有一個公平合理的生活秩序，這是中共到現在為止還不能提供的。如果這個要求繼續發展下去，民主的比重必將遠超過民族主義。

這似乎是一個無可避免的結論。

在我準備寫這篇序文時，美國遭恐怖主義分子襲擊的空前大悲劇剛剛發生。我不能在這裏討論這一事件，但它對本文的主旨卻恰好提供了兩點極端重要的啟示：第一是關於民主與民族主義的關係，第二是關於民族主義的限度。讓我就此兩點各綴數語以結束這篇討論。

美國今天已進入「明顯的眼前的危險」狀態，所以從國會到民間輿論一致主張賦予總統和聯邦司法部門以極大的應變權力。我在美國生活了四十多年，從未見過有這樣異常的現象。平時美國人所爭取的永遠是個人的自由和權利，對於國家的權力總是先持著決不信任的態度。現在他們心甘情願地將個人的某些自由和權利暫時讓給國家處置，這當然是他們深刻地意識到整個國家和全體人民的生存和安全正面臨著最嚴重的直接威脅。美國人不用「民族主義」這一概念，他們的民族主義具體表現在「愛國」(Patriotism) 精神上面。自災難發生以來，美國人所發揮的愛國精神也到了令人難以想像的境界。撇開救難、輸血、義捐、紀念種種共同的活動不說，單就家家懸掛國旗一事而言，便可以看到美國人的國家集體意識（相當於我們所謂「民族主義」）之深厚與濃烈也遠遠超過我們平時的認識。這十天來美國真是百業蕭條，唯獨國旗的市場供不應求。這是美國人發自內心的國家認同感，決不是為了表演給別人看的。為什麼酷愛自由的美國人竟能在一夜之間變成了愛國的集體主義者呢？這正是因為美國的民主已實踐到相當徹底的程度。民主在美國不祇是一種表面的政治制度，而是與個人生命融合得非常成功的生活方式。他們在集體危機的關頭自動放棄某些個人的自由與便利，分析到最後，正是為了要長遠地保衛他們的民主生活方式。所以從政府一方面說，總統與執政黨也決不敢更不可能趁火打劫，藉機無限擴大並長期佔有國家的權力。相反的，總統則一再號召人民回歸正常的生活軌道。從這一事件我們可以得到一個十分明確的認識：民主和自由才是國家認同和民族尊嚴的最可靠的保證。在一個民主和自由的國家裏，平時根本沒有必要去煽動民族主義的激情，一旦國家面臨災難，人民的愛國精神自然而然便破繭而出。因為人民在日常生活中已深切地體驗到：他們的個人幸福是與國家的集體利益緊密地連成一體的。

其次，民族主義的限度已成為當前人類一個最嚴重的問題，也是這次「九一一」恐怖事件給我們的最慘痛的教訓。據可靠的統計，這次冤死在紐約世貿中心兩座大樓的六、七千人中包括了六十多國國籍，數百人至數人不等，報紙上所刊布的兩岸中國人，也在七十多名左右。恐怖分子所濫殺的決不限於他們痛恨的美國人，甚至還有統計不詳的許多阿拉伯人在內。這些「與汝偕亡」的阿拉伯恐怖分子和他們的幕後指使者都是狂熱的民族主義者，同時也是狂熱的宗教信徒。如果進一步分析，民族主義才是原動力，伊斯蘭教則是受到他們的曲解和濫用，並不能真正對這一殘酷的行為負責。無論美國的中東政策偏差到什麼程度，以濫殺數以千計的無辜人民為手段的民族激情都是決不可恕的大罪。民族主義發展到這樣的高度，它已成為絕對的「惡」，再也沒有辯解的餘地。但是我們不難想像：這些恐怖主義者必然自認為做了一件驚天動地的壯舉，大大伸張了阿拉伯世界的「民族主義」。這才是最可怕的地方，比恐怖事件本身還不知要可怕多少倍。這種以作惡為行善，以殺人為正義的意識一旦在狂熱分子的心中生了根，屠殺的事件不但將層出不窮而且規模也將愈來愈大，在最近一期的《紐約書評》上（第四十八卷、十六號，二〇〇一年九月十八日），刊出了英國思想史家柏林（Isaiah Berlin）的一篇遺作，題為〈偏見雜記〉（“Notes On Prejudice”）。這是為了紀念「九一一」事件特別選登的。他在這篇短文中提出，歷史上的宗教戰爭、帝國主義侵略、民族衝突，列寧、斯大林的「革命」，希特勒的納粹運動等無不起於對「異己」的決不容忍，而不容忍的根源則是有己無人，從不肯平心靜氣地對異己的人群尋求瞭解。無知加上狂熱使某些人群不假思索地便認為異己人群為「邪惡」、「劣等」或「反動」，必須毀滅之奴役之、或征服之。但這些無知而狂熱的人群卻又將自身放在最高與最後審判者的位置上面，自以為代表「上帝」（狂熱宗教徒）、「優等人類」（帝國主義與希特勒）或「歷史潮流」（列寧、斯大林）之類。這些狂熱人群屠殺異己決不手軟，而且理直氣壯。在二十世紀西方人中，柏林是最能理解民族主義的力量之一人，但他對民族主義的限度也有十分透徹的體認。民族主義是被侵略、被欺凌或被征服的民族的正當防衛武器，但越過了正當自衛的界限，它便會立即轉化為邪惡的勢力。特別是在專制或極權的國家，它更是統治階級——專政的黨或基本教義的政權——維持和擴張其絕對權力的有效工具。在它們統治下的人民，由於無知與偏見的普遍存在，最禁不起民族的激情的挑撥。祇要一句「民族大義」的召喚，他們便可以奮不顧身地隨著統治集團的指揮棒起舞。其結局則往往陷整個民族於萬劫不復之境。祇有與民主自由的生活方式聯成一體，民族主義才能形成一股建設性的健康力量。

二〇〇一年十月二日於普林斯頓

（《百年來兩岸民族主義的發展與反省》，臺北，東大，二〇〇二）

《脊樑——中國三代自由知識分子評傳》序

——野火燒不盡，春風吹又生

這部《脊樑》寫的是五十年極權統治下中國三代自由知識人勇猛奮鬥的過程：它是由許多個人畫像交織而成的一幅整體圖像。所以分別讀之，每一個獨立的個人故事既親切又感人；合起來讀，則是幾代中國知識人所共奏的一篇悲壯而又慷慨的自由樂章。

在這三十篇個別畫像中，我所親識的不過五、六人，其餘則是聞名而不曾見面的。但無論識與不識，這部書給我的整個印象卻是鮮明而深刻的：中國知識人追求自由的歷史，雖在最黑暗的時期也沒有完全斷絕過，這真是莊子所謂「火盡薪傳」了。所以這部書的意義是積極的，而不是消極的：我們所看到的並不是中國人追求自由的失敗與挫折，而是自由所展示的無盡潛力。白居易「野火燒不盡，春風吹又生」的詩句恰好可以借來描寫自由這一意識五十年來在中國不斷伸展的狀態。

時間和篇幅都不允許我在這篇短序中大放厥詞。但是我必須極其簡略作兩點澄清：第一是自由的名詞雖然是從西方移植過來的，但自由作為人的精神要求在中國同樣源遠流長。一個世紀前嚴復譯介約翰·穆勒《群己權界論》(John Stuart Mill, *On Liberty*)，最初便打算用「自由」兩個字，因此引用了不少帶有「自由」字眼的詩句，如柳宗元「欲採蘋花不自由」之類，與英文 Liberty 和 Freedom 兩個名詞互相比較。後來他評點《莊子》，也說莊子所謂「在宥」便是「自由」。自由的意識不僅出現在詩人和道家的筆下，儒家也同樣重視個人的自由。胡適在一九四八年所寫的〈自由主義是什麼？〉一文中，也揭示「自由」最早的用法見於《論語》。孔子說：「為仁由己而由人乎哉！」這「由己」二字便是「自由」的倒裝表述。胡適是二十世紀中國提倡自由最力的知識人，他的話並不是把西方的概念附會在中國傳統上面。如果我們不信任胡適，至少我們應該信任陳寅恪的論斷，因為他是最尊重中國文化傳統的現代學人之一。他不但在一九二七年撰〈王觀堂先生紀念碑〉時特別揭出「獨立之精神，自由之思想」的鮮明旗幟，至今傳誦。而且在一九五二年更重申此義，寫下了「思想不自由，毋寧死耳」這驚天動地的名句。陳寅恪所要求的正是我們所謂言論、思想的表達的自由。自由不是舶來品，而是深藏在中國文化傳統中的一個基本價值，即此可定。

第二我要指出，自由決不是少數知識人的奢侈要求，而是現代文明社會的基石之一。在整個二十世紀的中國歷史進程中，自由的價值一直受到所謂「革命左派」的有系統、有計劃的誣陷，他們把「自由」和「資產階級」莫名其妙地連成一體，同時又把「自由」歪曲為「自私自利的極端個人主義」。這一長期誣陷與歪曲已深入一般中國人的心中。這是多數中國人到今天還把「自由」看作可有可無的舶來奢侈品的主要原因。但在二十一世紀的今天，我們已看得清清楚楚，二十世紀上半葉的所謂「革命左派」，其實是受極少數政治野心家操縱的糊塗蟲，他們把整個中國糊裏糊塗地送進了「一黨專政」的天羅地網之內。今天所謂「新左派」，無論其中某些人的個別動機如何純良，自以為代表「社會正義」，也仍然是在陳寅恪所謂「太史公、沖虛真人」迷惑下的一群更可悲可笑的糊塗蟲。他們的一切努力，分析到最後，不過是盡量想把中國留在「一黨專政」的天羅地網之內。他們可以毫無忌憚地向追求自由的其他知識人發威，但在極權政治的權威面前，他們卻馴如羔羊，不敢說半句冒犯「政治老虎」的話。他們的最大問題，說穿了，便是對自由的價值決無真切的瞭解。他們為虎作倀，當代中國自由知識人的苦難遭遇，至少一半是他們造成的。

中國傳統的「士」是「為民請命」的一個階層，他們為了爭取整個社會的自由和廣大人民的利益，曾作出種種犧牲，發出振聾啟聵的獅子吼。但在整個政治社會體制的制約之下，他們爭自由的成績是非常有限的。「五四」以後，中國現代的知識人則一方面取代了傳統的「士」的地位，另一方面也承繼了「士」的優良傳統。他們成為中國的「脊樑」和社會的「良心」。他們所爭取的，始於個人言論、思想、出版的自由，而終於社會公平的普遍伸張。沒有知識人的個人自由，社會公平便永遠沒有向前踏出第一步的可能。「新左派」與自由知識人為敵，他們在客觀上的效果是繼續保住「一黨專政」的現存體制。他們口口聲聲為廣大人民的苦難呼籲，而一究其實，他們恰恰是延長和加深人民的苦難。「新左派」的語言是時髦的，甚至是後現代的，這是他們超越了「老左派」的地方。但事實擺在面前，「新左派」正是改頭換面地為「老左派」的目標而奮鬥。這兩個新舊左派是殊途而同歸。

如果絕大多數中國人都不願意有自由，寧可在日益大資產階級化的「一黨專政」下過著不思不想、但求有飯吃、有衣穿的生活，那麼我們自然無話可說。「不自由」即是中國宿命。但是如果中國人也有自尊感，也覺得自己是比動物高一級的存在，那麼自由終將有一天在中國的地平線上冉冉升起，自由知識人在這片悲慘大地上的前仆後繼是永遠不會滅絕的。至少這是我個人的信念。

二〇〇一年十一月二日於臺北旅次

（《脊樑——中國三代自由知識分子評傳》，香港，開放，二〇〇一）

吳弘達《昨夜雨驟風狂》序

吳弘達先生的《一個人的兩個故事》分成上下兩冊，上冊《昨夜雨驟風狂》是一部「未講完的故事」，作者正在寫作中的下冊，將是一部「未講過的故事」。我僅僅讀到上冊，所以這篇短序裏祇能以上冊為根據。

《昨夜雨驟風狂》事實上是吳弘達的自傳，所寫的主要是他從一九五七年被劃為「反革命右派分子」到一九七九年從「勞改營」釋放出來的親身經歷。他正式被逮捕而送進「勞改營」是在一九六〇年四、五月間，所以他的「勞改」時期足足有十九年之久。換句話說，從二十三歲到四十二歲，一個人一生最富於創造力的時期——他的整個生命都是在「人間煉獄」中耗磨掉的。

弘達先後曾在各種不同的「勞改營」出入，其中有化工廠、鋼鐵廠、農場、煤礦等等。但大體說來，北京附近的清河農場和山西王莊煤礦是他受難最久的兩個地方，因此他的回憶也以此兩處著墨最多。他的記述並不限於一己的悲慘遭遇，而包括了他身邊的許多難友。在〈飢餓篇〉中，他便先後寫了五、六個人的死亡，有上吊的、有投水的、有跳崖的、還有死而復生後因急食「黃金塔」（玉米窩頭）穿腸破胃而亡的……。沒有一個故事不是慘絕人寰，令人不忍卒讀。在這十九年中，弘達自己也是每天都在生死線上掙扎。一九六一年十月當他被飢餓折磨得完全失去了勞動力時，他從清河農場五八三分場轉到了五八五分場。那是一個「休養」的分場，與死亡的五八六墳場祇隔一線了。但是堅強的生命力終於讓他活了下來。但即使是這樣一個強韌的生命也有求死不得的時候，那是他在一九六五年關入「禁閉室」的期間。他曾以絕食來結束自己的生命，但幸而在極權統治下連死的自由也不易得，這才沒有向閻羅王報到。接下來的便是山西煤礦的「勞改」，用他自己的話說，這是「近十年的人間地獄的生活」。

事實證明，《昨夜雨驟風狂》是一部血淋淋的人間地獄的實錄，其中字字句句都驚心動魄。相形之下，無論是唐代閻立本的《地獄變相圖》或是奧威爾 (George Orwell) 的《一九八四》都將大為減色，因為藝術的虛構畢竟比不上歷史的真實，後者是由千千萬萬人以有血有肉的生命構成的。

作為一個獨特的罪惡制度，「勞改」不但蹂躪人權，而且滅絕人性，這是不在話下的。但「勞改」不是一個孤立的制度，它是現代極權統治的一個不可分割的部分。今天常常有人說，二十世紀中國的極權體制是傳統帝王專制的延伸與發展。這個說法似是而非，不足以充分解答我們的問題。傳統中國的皇帝專制在明、清兩代達到了最高峰，這是史學界所公認的事實，而明太祖則是這一歷史發展的關鍵人物。他在洪武十三年（一三八〇）廢除了兩千年的宰相職位，將大權獨攬在一己之手，使傳統權力結構完全失去了內在的制衡，所以明末黃宗羲要說：「有明之無善治，自高皇帝罷丞相始。」明太祖同時也是中國史上對「士」最為敵視的皇帝。下面介紹洪武九年一個地方訓導官上書中一段話，因為這不但可見明太祖怎樣蹂躪士人，而且也是中國史上關於「勞改」的寶貴史料：

今之為士者，以溷跡無聞為福，以受玷不錄為幸，以屯田工役為必獲之罪，以鞭笞捶楚為尋常之辱。其始也，朝廷取天下之士，網羅捃摭，務無餘逸。有司敦迫上道，如捕重囚。比到京師，而除官多以貌選，所學或非其所用，所用或非其所學。洎乎居官，一有差跌，苟免誅戮，則必在屯田工役之科。率是為常，不少顧惜。《明史》卷一三九〈葉伯巨傳〉）

這裏說的是明初士人多不肯出仕，而太祖強迫他們向新王朝屈服，一個個像囚犯一樣，從各地押解入都。但任職之後，祇要稍犯過失，不是誅死，便是打入「屯田工役之科」。什麼是「屯田」、「工役」呢？明代軍隊屯田的制度，軍人在平時是要耕田的，這相當於中共的國營農場。「工役」則指各式各樣的勞動，相當於弘達經歷過的種種工廠，如煤礦之類。這是秦漢以來的所謂「刑徒」，但明太祖卻用它來對付他最討厭的士人，正如毛澤東把所有「右派」知識人都送到「勞改營」一樣。恰好毛澤東在中國史上祇認同於兩個皇帝，第一個是「焚書坑儒」的秦始皇，這是人人都知道的；第二個便是這位明太祖了。從這一點說，我們不能不承認毛澤東確曾繼承了這兩個殘暴皇帝的衣鉢。但是全面地觀察，五十年代中國的極權統治明明是從蘇聯硬搬過來的，基本上是斯大林體制的翻版，包括「勞改」制度在內。清河農場便是在蘇聯專家直接指導下建立起來的（見本書第四章）。而且毛所擁有的絕對權力與斯大林屬於同一性質，更遠非秦始皇、明太祖所能望其項背。所以我們最多祇能說，這是一個具有中國特色的斯大林體制而已。

回到「勞改」制度，它的直接來源自然是斯大林的「古拉格」(gulag)。這個勞改營雖然也容納一般的罪犯，但主要的對象則是政治犯和異議知識人。中共的「勞改營」完全取法於此，而不可能是明代「屯田工役之科」的內在發展，因為後者運作的具體狀況並沒有留下詳細的記錄。如果毛澤東真的知道上引《明史》中的文字，那也不過加強了他建立「勞改」制度的決心罷了。

蘇聯「古拉格」制度創立於一九三〇年，終結於一九五五年，先後二十五年。這就是說，這個血腥的制度隨著斯大林的死亡而廢止了。再過一年（一九五六年），蘇共便在第二十次代表大會上正式清算了他的種種罪惡。但「勞改」在今天的中國大陸仍然屹立如故，這正是為什麼弘達要寫《昨夜雨驟風狂》的主要動機：他要讓全世界人都知道，五十多年來，這個人間地獄怎樣在不斷地摧毀中國人，特別是知識人的肉體和靈魂，它先後所吞噬的人數是無法計算的。

事實上，弘達自從流放到海外以後，便一直以宗教家的熱忱，暴露這個人間地獄的真相。現在他通過《昨夜雨驟風狂》，現身說法，地獄中的實況更是形象生動地一一展現在讀者的眼前。弘達這一切的努力並沒有白費。「古拉格」這個名詞，由於索忍尼辛的《古拉格群島》的英譯本而傳遍西方世界，最後走進了所有英語字典。在這一方面，弘達的貢獻和成就是可與索忍尼辛比美的。現在《牛津簡明英文字典》(*The Concise Oxford English Dictionary*) 第十版和《牛津成語和寓言詞典》(*The Oxford Dictionary of Phrase and Fable*) 中都同時收入了「古拉格」與「勞改」(laogai) 兩個詞語。在後一詞典中，編者還特別指出：「古拉格」流傳天下是由於索忍尼辛那部著名的小說，而在「勞改」這一項目下，編者則引用了弘達在一九九六年所說的話：「我想讓『勞改』這一個字出現在世界上每一種語言的每一本字典上。我願意看到『勞改』的終結。」

真的，我們不但必須努力將「勞改」永遠埋進歷史，而且還必須盡一切可能的力量不讓任何形式的「地獄」再在人間出現。

二〇〇二年十二月於普林斯頓

（吳弘達《昨夜雨驟風狂》，華盛頓，美國勞改基金會，二〇〇三）

朱敬一、李念祖《基本人權》序

這是一位經濟學家和一位法律專家合寫的關於「基本人權」的專著。除第一章闡釋人權的理論外，其餘八章是分類釋例和評論，包括平等權、人格自由、言論自由、講學自由、參政權、財產權、工作權和正當程序。在每一類中作者選擇三至五個案例，附以大法官的「多數與少數意見書」。在每一類之前，作者又加上一節簡要的說明，往往也涉及具體人權項目的理論根據，和「評論」部分密相呼應。讀了這本書之後，我才第一次對「基本人權」在中華民國的實施情況獲得了親切的認識。所以這本書開了我的眼界，使我自己受益不少，這是我必須感謝兩位作者的。

但是兩位作者的深意並不在僅僅客觀地呈現「基本人權」在中華民國的實踐。他們寫這本書的主要動機是不滿意司法者缺乏關於人權的通識，以致在判案中往往不能有效地保障個人的權利。今天是一個專業化越分越細的世界，所謂「專家」必然是對於很少的事情知道得很多，而對於很多的事情則知道得很少，或竟毫無所知。法律專家自然也不會是例外。這樣的專業人員在掌握了司法大權之後，便難免拘泥於狹小領域中的條文，對重要的人權案件作出不合「理」也不合「情」的判決。本書所收集的例案多屬於這一類。為了補救這一重大缺陷，兩位作者建議司法人員必須擴大他們的視野，對於人權觀念有一種圓融的理論瞭解。唯有如此，他們在處理人權案件時才能做到不讓任何一個人受到委屈。這是兩位作者「仁者之心」的自然流露，我不但同意而且十分佩服。

為了給這種理論的瞭解提供一種示範，兩位作者選擇了平等自由主義 (equalitarian liberalism) 的哲學理論。這一套哲學理論是由三十二年前羅爾斯 (John Rawls) 的《公平理論》(*A Theory of Justice*, 1971) 開端的，出版後便轟動一時，至今則已成西方的顯學之一。本書第一章不但對這一理論作了簡要的陳述，而且也討論了種種批評的意見。兩位作者在第一章開宗明義指出：

這一章的目的，就是要以平等自由主義的哲學思想為主，輔之以功利主義與市場自由主義，建構一套圓融的人權概念，做為以後幾章人權釋憲案的解說依據。我們的論述相當著重羅爾斯與德沃金 (R. Dworkin) 的政治哲學，倒不是因為我們偏袒一家之言，而是因為他們描述的平等自由主義確實是比較符合當代人權思維的見解。

這一段話說得很平實，不帶半點武斷的氣味。就我個人而言，我完全可以接受它作為討論人權問題的前提。這是因為第一、我在美國生活了幾十年，多少知道羅爾斯「公平理論」所針對的是美國憲法、美國社會中哪些問題。他自己承認他的理論代表的是美國「左派自由主義」的立場，若在英國則接近「社會民主派」或工黨的觀點（見 "Preface for the French Edition of A Theory of Justice"，收在 John Rawls, *Collected Papers*, Harvard University Press, 1999, pp. 415–6）。無論如何，《公平理論》欲以契約論取代功利論，所處理的徹頭徹尾是英美 (Anglo-American) 政治傳統內部的問題。即以西歐言，它已不免有隔閡。所以他不知道他的理論在法國政治中究竟應在何處定位 (location)。我這樣說，並不是否認「公平理論」作為憲政民主的一種哲學觀念是有普遍意義的。我是要指出：它的普遍意義是從一個特定時空交叉的方位上投射出來的。如果不問其特定方位，這個理論的某些內涵和著重點也許便不容易把握得住（例如原書第六章關於“civil disobedience”的討論，顯與當時學生反越戰有關）。第二、我之所以能接受兩位作者上引的論述，因為我確實認為羅爾斯的理論比較可取，因為它在極端個人主義（如Robert Nozick）與激烈的社群主義（如Michael Sandel）之間選取了中道，既照顧到個人的自由與權利，也關注群體（國家或社會）的秩序。但是我立刻想到的是：和我的背景完全不同的中國人，譬如一生從未離開過本土，也沒有機會接受美國式的教育，究竟將怎樣看待羅爾斯的理論？他們未必懂得「功利論」、「契約論」，更未必能跟得上「原初狀態」、「無知之幕」這一套西方思辯方式，那麼他們是不是能放心地將自己的「人權」完全托付給懂得「平等自由主義」的人？

我提出這樣的問題未免有點唐突兩位作者，但在我是心所謂危，不敢不言。現在東亞有些地區正在運用李光耀倡導的「亞洲價值論」，對西方的人權、自由、民主等價值進行猛烈的反攻。說「中國人權」就是「生存」與「吃飽飯」兩件事的，國際論壇上已時有所聞。

李光耀也曾公開發表過一個意見，認為「一人一票」其實是極不公平的辦法。這句話確有經典的根據，不過不是亞洲的經典，而是《黑格爾的權利哲學》（*Hegel's Philosophy of Right*, T. M. Knox 英譯本，第三〇八節。羅爾斯在一篇論文中也曾引及此例）。試問遇到這樣的情況，上面提到的那種背景與我們不同的中國人（應該是絕大多數），究竟將怎樣回應？他們會不會在思想上陷於高度混亂？如果有人進一步問他：你是中國人，為什麼毫不遲疑地奉美國的「平等自由主義」為最先進的人權哲學？為什麼擁抱純西方的「權利」概念？他又將何辭以對？本書第一章的最後一節提出「將人權落實在生活中」之說，這是我願意舉雙手贊成的。但是在達到這最後的一步之前，我認為還有一件主要的工作應該完成，那便是怎樣使人權的理念先在絕大多數中國人的心中生根。

我和本書的兩位作者一樣，對於人權之為一種普世價值是深信不疑的。但是如果人權被理解為源於西方的價值，僅僅因為它看起來很合理而應該為我們所接受，則這種從外面移植過來的價值終究是無根的。一旦人權與另一更有誘惑力的集體價值之間發生衝突，我們便很可能犧牲人權。所以為了絕大多數中國人著想，我們必須闡明：「人權」（或「權利」）的概念或名詞雖然是西方的，但人權所代表的基本價值同時也是中國文化中的基本價值。事實上，也唯有如此，我們才能承認人權是普世性的價值。這是中國歷史和文化的研究者所當努力耕耘的領域，但可惜成績仍不顯著，本書的兩位作者已注意到這一關鍵性的問題。他們在第三章第一節「什麼是人格自由？」中便直接提出了儒家文化與個人權利之間的衝突問題。他們並且引了我的朋友狄百瑞（Wm. Theodore de Bary）的論點。他們說：

> 平等自由主義在西方曾遭到社群主義的挑戰，漢學家狄百瑞（de Bary）則將儒家理解為東方社群主義，不難從中體會平等自由人權思想與儒家傳統的衝突。

這一段話認真討論起來則遠非此序的篇幅所能容納。我祇能澄清兩點：第一、廣義的說，社群主義者其實也是自由主義者（liberals），他們反對羅爾斯之說，是因為他們不接受把「平等自由的個人」（equal and free persons）看作一個個原子式的個體（atomic individuals）；相反的，這些個人都生活在實際社群（大、中、小各型）之內。所以狄百瑞另有專書把宋明儒家看成一種「自由傳統」(liberal tradition)。這就是說，儒家即使是社群主義，也未必一定與「平等自由人權思想」正面衝突。這個問題祇能說到此為止。第二、我們必須注意，羅爾斯並不認為社群主義者的批評毫無可取。相反的，自一九八〇年以來，他後期的思想反而向社群主義接近。他甚至有從康德移向黑格爾（社群主義的源頭）的某些迹象。所以在《政治自由主義》一書中，他正式提出了公平觀念的「背景文化」(background culture) 問題。這包括各種「社群」，如教會、大學、科學團體、俱樂部等等 (*Political Liberalism*, 1993, pp. 13–14)。這正是黑格爾的取徑。這個問題也無法在此展開論證。有興趣的讀者可看 Chandran Kukathas and Philip Pettit, *Rawls: A Theory of Justice and its Critics*, Stanford University Press, 1990, chapter 7 "The Self-critique"。

但作者接著說：

> 不過儒家深入社會人心的思想脈絡之中，也未必沒有與平等自由主義接軌融合的空間。畢竟儒家強調「人本」思想，重視人性價值的討論，乃是學界通論。若謂儒家

的傳承之中，已讓個人的價值完全湮沒於社會倫理關係之中，也不盡公平。

這一段話說得公允平實，具見器識。以下讓我略舉幾個主要之點，以解答人權價值與儒家文化的一般關係。詳細討論祇好等待將來。

第一、中國傳統文獻中找不到與"rights"（權利）相應的字彙，這是因為儒家所運用的是「義務語言」(duty-language) 而不是「權利語言」(rights-language)。西方自十六世紀以來，「自然法」、「自然權利」的討論便一直不斷，其中有這樣一個說法：所謂一個人有某種權利，其實便是指他享有別人對他所盡的某種義務。因此一切關於權利的命題都可以直接轉譯為關於義務的命題。如果這樣，那麼權利語言便無關緊要了。我們說「人權」，其實即是說我們對於「人」(human beings) 有哪些義務。如果權利可以通過義務語言充分表達出來，也就是說，一個人的權利是其他人對於他所應盡的整套義務，而這些義務又可以由更高層次的道德原則來加以說明，那麼另建一套權利語言便沒有必要了（見 Richard Tuck, *Natural Rights Theories: Their Origin and Development*, Cambridge University Press, 1979, pp. 1 and 6）。權利與義務必然互相涵攝，也是羅爾斯的基本觀點，不過他用的是權利語言而非義務語言而已（可看 *A Theory of Justice*, p. 239。這一點是 Rex Martin 特別指出的，見 *Rawls and Rights*, University of Kansas Press, 1985, pp. 32–34）。一旦我們認識到「權利語言」與「義務語言」祇是一體的兩面，我們便不可能再說中國人或儒家從來沒有「權利」的意識了。儒家論人民的「權利」是從國家對人民的「義務」下手的。姑舉一例，《孟子．梁惠王上》：

> 是故明君制民之產，必使仰足以事父母，俯足以畜妻子，樂歲終身飽，凶年免於死亡；然後驅而之善，故民之從之也輕。今也制民之產，仰不足以事父母，俯不足以畜妻子；樂歲終身苦，凶年不免於死亡。此惟救死而恐不贍，奚暇治禮義哉？王欲行之，則盍反其本矣：五畝之宅，樹之以桑，五十者可以衣帛矣。雞豚狗彘之畜，無失其時，七十者可以食肉矣。百畝之田，勿奪其時，八口之家可以無飢矣。謹庠序之教，申之以孝悌之義，頒白者不負戴於道路矣。老者衣帛食肉，黎民不飢不寒，然而不王者，未之有也。

孟子在此為國家（王）對人民的義務開列一張清單，可稱之為「義務清單」(Bill of Duties)，與英國的「權利清單」恰可對照。在此單中，土地、家畜、耕作時間、教育等都是國家必盡的「義務」，反過來說，這些便是人民基本的「權利」。孟子這些話在漢代便發生了實際作用，儒家型的地方官（「循吏」）便認真地執行了這些義務。

第二、儒學作為一種道德、政治、社會、經濟、文化等無所不包的全面學說，正是羅爾斯所謂："comprehensive doctrine"。他認為在現代憲政民主的秩序下，一定有很多「全面學說」並存著。從這些不同學說之中可以提煉出一種大家共同認可的關於「公平」的概念。由於沒有任何一個學說可以為人人所全部接受，因此這些學說都不能進入憲法之中。但如果沒有這些合理的(reasonable)學說，民主政體所需要的「公平」概念也無從建立，秩序便不可能了。所謂「合理的」是針對著那些霸道的理論，否定平等、自由、人權種種價值，如有些「基本教義」、共產主義或納粹主義。就中國而言，儒家恰好可以提供這一重要功能，如果它能在現代社會中進行一番自我調整，以與自由、平等、人權等等價值「接軌」。當然，我必須補充一句，儒家不可能在現代民主政體下，獨佔「全面學說」的空間，但它必將是其中最重要的「全面學說」之一。關於這一問題我另有專文討論，讀者可以參考(Ying-shih Yu, "The Idea of Democracy and the Twilight of the Elite Culture in Modern China," in Ron Bontekoe and Marietta Stepaniants, eds., *Justice and Democracy*, University of Hawaii Press, 1997)。

第三、關於儒家倫理是不是完全淹沒了個人價值的問題，我必須指出，王陽明（一四七二——一五二九）的「致良知」在十六世紀便激動了個體意識的發展。他以「良知」為每一個人所有，而每一人的「良知」又有其特殊不同之處，這正是把朱熹所講的外在規範——「天理」——個體化了。「良知」又是「是非之心」，所以一切「是非」都必須由每一個人依一己的「良知」來作最後的決定。不但「眾皆以為是」、「眾皆以為非」不能盲從，即使「孔子以為是」、「孔子以為非」也不是最後的定論，一切都必須求之於自己的心，通得過一己的「良知」，然後才能判斷究竟為「是」為「非」。這個「良知」說一出，立即風行天下，影響之大，不可想像。後來黃宗羲便進一步把王陽明的「是非之心」運用到政治領域，公然說：「天子之所是未必是，天子之所非未必非。」（《明夷待訪錄．學校》）「良知」

的個體化更引至對「私」的重視。十六世紀中葉前，江西一位儒生便提出了「遂其私所以成其公」的命題，在十七世紀中葉獲得了重大的發展。顧炎武、黃宗羲、王夫之等人對這一論題都各有發揮。顧炎武尤其明快，逕言：「天子為百姓之心，必不如其自為。」（〈郡縣論五〉）他又說：「合天下之私，以成天下之公。」（《日知錄》卷三）這些議論對清末改革派儒家的影響極大，使他們順理成章地接受了西方關於「個人自主」和「權利」的觀念。梁啟超說：

> 一私人之權利思想，積之即為一國家之權利思想。故欲養成此思想，必自個人始。
>
> 《新民說・論權利思想》

這並不是照抄西方觀念，他的第一句話明明是從「合天下之私，以成天下之公」脫胎而來。這是儒家文化中的基本價值與現代人權所代表的基本價值互相重疊的一個最好的例子。譚嗣同、章炳麟等人所特別強調的「個人之自主」，其傳統的源頭也在陽明的「良知」。

陽明學在晚清是顯學，而程、朱一派則為當時人所排斥。這顯示儒家傳統中已發展出近於羅爾斯所重視的 autonomy。這個觀念在羅爾斯手上已取消了康德「道德自主」的超越涵義，所以完全可以與晚清儒家的「自主」說互相印證。

限於篇幅，我祇能就此打住。僅就以上三點而言，我想已達到了此處所需要的初步論證。我希望這篇匆匆寫成的序文可以有助於讀者認識這部《基本人權》的重大價值。

二〇〇三年七月二日於普林斯頓

（朱敬一、李念祖《基本人權》，臺北，時報，二〇〇三）

康正果《出中國記：我的反動自述》序

——人生識字憂患始：中國知識人的現代宿命

我的朋友康正果近年來發憤寫一部真實坦率的自傳，記述他從一九四九年到二〇〇三年的生命歷程。自傳雖是一個人的歷史，但卻是史學家最原始的材料之一。離開了傳記材料，歷史的建構，無論規模大小或時間長短，都是不可能的。中外古今，無一例外。自傳出於傳主的親筆，是所謂第一手史料，價值更高，遠在後人所寫的傳記之上。因此我們研究歷史的人無不盼望著自傳的出現和流傳，越多越好。大概是兩三年前，正果曾向我談過他準備寫自傳的構想。我當時便深為他的構想所吸引，慫恿他快點寫出來，以免時間沖淡了記憶。正果心靈手敏，竟在教學之餘，以短短一兩年的時間，寫成了這部三十多萬字的《我的反動自述》（原題），真使我喜出望外。

在這篇序文中，我想從正果個人精神成長的經過和時代背景兩方面來解讀他的《自述》。這也許更可以彰顯《自述》的價值和意義，並為讀者提供一點理解的線索。

首先我要特別指出，正果在少年時代開始反抗他的生存環境時，他心中連一絲一毫的政治意識也沒有。一九四九年初夏，尚被老百姓稱為「十八路」的「解放軍」進入了西安，正果其時不過四、五歲的光景。他的父親是水利工程專家，在新成立的自來水廠擔任副總工程師。他的祖父則是一位久已退隱的佛教居士。由於新政權要利用佛教進行統戰，他不但逃過了「地主」的劫難，而且還以佛教代表的身分取得了西安市政協委員的地位和待遇。據正果說，他祖父當時是被肯定為「政治上要求進步」的老人。正果成長在這樣的家庭氣氛之中，他不可能對新政權發生任何抵觸的情緒。那麼他為什麼從中學時期便和黨領導的組織活動格格不入呢？為什麼上大學不到兩年便以「反動學生」而除名，最後更進了勞教營呢？答案祇有在他的早年生活中去尋找。

我認為一九五八年正果的父母把他送進祖父的「寂園」，是他生命中一個重大的轉捩點。正果顯然是一個精力十分充沛的少年，放學後經常和巷內巷外的一群「野孩子」一起瘋玩，包括上樹、翻牆、摔跤、打鬥等等。最後一次正果還組織了一個「終南山探險隊」，自任隊長，準備去深山中訪求神仙與劍客。這個大探險計劃被學校當局事先發現了，因而引起了家長的驚惶。正果的父母白天上班，晚上「學習」，完全沒有時間來管束他；父親這才決定把他送到祖父的「寂園」。這時他大概還不滿十四歲。

顧名思義，「寂園」自然是寂寞的。但對於一個十幾歲的少年來說，這寂寞中卻布滿了恐怖。正果對於初住進寂園的夜晚有一段很生動的心理描寫：

> 我住在祖父原來專門招待和尚的西屋裏，那房間粉牆，地板，擺有笨重的舊式傢具。屋檐下藤蘿牽掛，再往後柏樹森森，晚上一颳起風，就吹得曾祖母墓塔頂四個角上掛的小鐵鈴叮噹作響，再加上老鼠時常在樓板上猖獗地鬧騰，每夜入睡前，置身漆黑的空寂中，我由不得胡思亂想，自己嚇起了自己。起先是熄燈前祖母給我牀頭點一根香，讓我害怕的時候看一眼那暗中發紅的香火，默念觀世音菩薩慢慢入睡。
>
> （中略）

後來我從樓上的雜物堆裏找出一把生鏽的長劍，在磨石上花了幾天工夫，最終磨得它發出寒光，連鯊魚皮的劍鞘也擦得油光錚亮。從此我就在牀頭掛起寶劍給自己壯膽，直到我完全習慣了那大房子夜晚時分的空寂和黑暗。

我詳引這一段話，是為了特別提醒讀者，正果一生浸潤其中的精神世界的基址便是在此「空寂和黑暗」中建造起來的。

正果的生命中表現出一股特有的創造力，這股創造力完全是正面的，建設性的，即能將任何外面的逆境轉化成內心的順境。這部自傳中隨處都可以找到實例，而搬進寂園則是它的第一次發揮。從父母家中遷至祖父母居處，象徵了從動之極變為靜之極，這在他的少年心理上是很難調適的。他剛剛住進寂園時，將一把舊劍磨得發出「寒光」，雖說是為了壯膽，恐怕還是積習未除，終南山殘夢仍在胸中盪漾。但是他的創造力很快便找到了拓墾的新園地，那便是祖父的藏書。寂園中除了佛經外還堆積著大批塵封已久的舊書。正果本來是要在舊書堆中找小說的。但小說沒有找到，卻找到了許多經、史、子、集的線裝書。這一發現非同小可，成為他個人生命史上一大事因緣。他在無意之間接觸到中國古典文化的源頭了。關於這件事的意義，還是他自己的敘述最為親切。他說：

就在這邊整理邊翻閱的濫讀中，我不知不覺提高了閱讀文言文的能力，等全部舊書都從積塵下經我的手一本本清理出來，我已半懂不懂地讀了不少基本的古代典籍。那是我此生最美好的一段歲月，每天做完學校的功課，其餘的時間我全用於閱讀家藏的舊書。日子過得勤奮而單純，我精力既充沛，感受又敏銳，正在開竅的心智尚為白紙一張，對讀過的書籍，雖僅能達到模糊的理解，但由於感觸新穎，印象鮮活，最初的記憶便來得深刻和牢固，直到後來我失去讀書條件的漫長歲月，乃至四十多年後的今天，我始終都覺得有一股知識素養的甘泉從那遙遠的年代浸潤而來，使我此生受用無窮。

這是出自肺腑之言，可見他在寂園幾年「下簾寂寂」之中，用古典文化為自己建構了一個強固的精神堡壘，因而決定了一生的價值取向。

有了這座堡壘，正果在精神上得到了歸宿；但這衹能使他「立命」，而不能讓他「安身」。不但不能「安身」，反而害得他以中國之大竟無容身之地。他從被劃定為「反動學生」到升級為「勞教三年的反動分子」，無一不是拜寂園讀線裝書之賜。正由於他形成了自己的知識觀和價值觀，雖然仍在朦朧的階段，但對於學校強迫灌輸的官方意識形態已無往而不流露出一種抗拒心理。當時的意識形態真是密不透風的天羅地網，他內心的抗力也一觸即生，不是計較利害的求生意識所能壓抑得住的。高中時期班主任領導創辦了一個牆報——《百草園》，他卻「對著幹」，獨自編寫了一張《北極星》，偷偷地貼在牆壁上，終於親自為校方檔案中提供了第一張「反動」的罪證。在大學一年級的政治課上，老師在臺上批判蘇修的「三無世界論」，他竟在筆記中寫下這樣的句子：「三無世界：無黨員、無團員、無班幹部的世界。」經旁座的學生「間諜」偷著撕下來送到輔導員那裏，他差一點便成了「現行反革命」。更不可思議的是一九六七年，他居然異想天開，寫一封俄文信向莫斯科大學圖書館借閱《齊瓦哥醫生》。這正是所謂「文革」熱火朝天的歲月，他是一個「逍遙派」，大可自由自在一番。但是他在《人民日報》讀到一篇「評論員」的文字，指責蘇修竟允許《齊瓦哥醫生》這種「反革命的小說」出版。這時他正好沉湎在俄國（包括蘇聯）文學的閱讀中，整天抱著一本字典啃原著。讀了這則評論，不但沒有引發他絲毫政治的警覺，反而激起了難以抑制的翻譯衝動。正如他在《自述》中所說，他是一時「鬼迷心竅」，才有寫信借書的荒謬舉動。當然，這個心中的「鬼」的存在，並不是偶然的，正果對此有一個深刻的解說，讀者不妨參考。如果借用王陽明的話，這叫做「破心中賊難」。但「天網恢恢，疏而不漏」，一年以後他被捕了。那是一九六八年九月十九日，正果說：「我今生今世都忘不了這個日子。」最後他因「妄圖與敵掛鈎，進行反革命活動」的罪名，被判決「勞動教養三年」。

很明顯的，正果雖然在政治上已劃入了「反動」的範疇，他身上卻連一個政治細胞也沒有。他先是在寂園的舊書中發現了自己喜歡的中國古典詩詞，然後隨著年齡和知識的成長，又將他的文學觸角推展到外國。他滿腦子裝的都是文學，認定既讀俄國文學，當然應該從原文下手。《齊瓦哥醫生》的評論激動了他的文學好奇心，於是便寫信借書。任何對極權體制稍有認識的人都決不會有此一舉。他連郵局必然檢查寄往「蘇修」的信件這一起碼的警覺都沒有，其他一切更可想而知。所以追源溯始，正果前半生的坎坷都是因為他十幾歲時讀了古書，建立了屬於自己的知識觀和價值觀，從此與官方的意識形態格格不入，再也無法與世浮沉。一九八一年他的碩士論文《韓偓詩析論》即因此而為陝西師範大學中文系所拒絕接受。理由是「宣揚色情」、「宣揚人性論」。但是我們祇要讀過他在一九八八年所寫的《風騷與艷情——中國古典詩詞的女性研究》，便知道他所整理的其實是中國古典文學中一個很重要的層面。事實上他不過是繼承了韓愈「物不得其平則鳴」的傳統，為文學上的弱勢族群（女性）說話而已。然而這篇「發潛德之幽光」的論文竟被黨方的兩根大棍子打得粉碎，使他好幾年都找不到較理想的教書職位。

正果選擇韓偓的艷情詩為論文題目，自然是對馬家店的新名教提出了嚴厲的挑戰，他因此不能見容於當世，也可以說是事有必至。但是他的挑戰仍然出於學術意識，而不是政治意識。關於這一點，他那位緊跟著黨的指導教授說得非常透徹：

我早告訴你要注意政治，你不聽我的話，現在好了，你不注意政治，政治可找到你頭上來了。正果，學術問題也是政治問題呀。

可見遲至一九八一年，正果對於政治仍然是處於一種混沌未鑿的狀態。他的政治覺醒來得很晚，一直要等到一九八九年五月，學生運動從北京擴散到西安的時候。

上面已一再指出，正果前半生的坎坷始於寂園下簾讀線裝書。他早年泛覽詩詞，大概也不會放過蘇東坡集。熙寧二年（一〇六九）東坡寫〈石蒼舒醉墨堂〉詩，起首便說：「人生識字憂患始，姓名粗記可以休。」這兩句詩簡直就是正果一九九四年以前的人生寫照，但是一個十幾歲的少年即使讀了，也沒有足夠的閱歷可以體會其中的沉痛之意。東坡寫詩時年三十四，因反對「新政」之故，正準備向神宗進諫，兩年後所上〈萬言書〉，此時或已醞釀於胸。以東坡之敏慧，他當然不難預感「憂患」之將至。十年後的烏臺詩案獄和晚年謫居嶺外都證實了他確有先見之明。正果的時代與遭遇固不能與東坡相提並論，但「人生識字憂患始」則古今仍無二致，難道這是中國知識人的宿命嗎？

我現在願意借「人生識字憂患始」這句詩，進一步說明正果的《反動自述》與古典文化的關係，以及他五十年「反動」人生所折射的政治、社會背景。不用說，這裏衹能說幾句極為概括性的話，詳論是不可能，也是不必要的。

中國古典文化中缺乏作為政治與法律概念的「自由」，但是卻到處都瀰漫著自由的精神。儒家固然重視群體秩序，但基本上仍然肯定這個秩序出於個人的自由選擇。所以孔子說：「為仁由己，而由人乎哉！」這是明白承認自由（「由己」）為「仁」的先決條件。道家更重視個人的精神自由，《莊子．逍遙遊》即其明證。以禪宗為代表的中國佛教則強調「不受人惑」和「如何得自由分」，這也是從正反兩面闡述精神自由的真諦。三教都是如此，故影響遍及於中國古典文化的各方面，尤其是詩文的傳統。正果受到這一精神的感染，中學時期便愛重一己的自由，他告訴我們，他無論做什麼事都要「全出於我個人自願，且有明確的目的，輕重快慢是由我自己掌握的，不必擔心別人在一邊監視……這就是我對自由的最初理解，雖然我那時並不懂得自由的觀念」。

盧梭有一句名言：「人是生而自由的，但卻到處都在鎖鏈之中。」後來不知多少思想家曾對此說提出質疑。但是如果把這句話理解為自由與生俱來，是人性中潛存的一種本質，我想任何人都不能不承認。所以個人自由決不是西方所獨有，也不是古代希臘文明的特殊產品。在印度文化與古伊斯蘭教義中也都在不同程度上肯定了個人自由的價值（見 Amartya Sen, *Development as Freedom*, New York, Alfred A. Knopf, 1999）。以中國古典文化而言，不但早就有「自由」的意識，而且連「自由」的概念也出現了。整整一百年前（一九〇三）嚴復譯約翰·穆勒（John Stuart Mill）《論自由》（*On Liberty*）為《群己權界論》，曾討論過中國詩中「自由」的用法。如果他追得更深一點，便會發現：在唐代禪師口中不但「自由」已是一名詞，而且「自由獨立」也連在一起使用了（見普濟《五燈會元》卷三「百丈懷海禪師」條）。這兩個現代最流行的字眼早已有中國本土的根源，決不能認為是十九世紀以後才從西方傳來的。這一事實恰好可以解釋為什麼自古以來特立獨行之士，史不絕書，《論語》中的隱逸和狂者即屬此類。孔子特別提到一種「隱居放言」的人，他們顯然把個人自由看得比什麼都重要。「放言」便是心中有許多不合時宜的話，非吐不快。為了取得「放言」的自由，他們寧可遠離擾攘的社會，特別是政治領域。

但是在中國傳統中，多數知識人受到儒家經世濟民的精神的薰習，往往不隱居而放言。

其最著者，如顧炎武論漢末士風說：

至其末造，朝政昏濁，國事日非，而黨錮之徒，獨行之輩，依仁蹈義，舍命不渝，風雨如晦，雞鳴不已。《日知錄》卷一七〈兩漢風俗〉

知識人本著良知的自由，看到社會、政治上種種不平之事，忍不住要「放言」、要「雞鳴不已」，這才是「人生識字憂患始」的真正根源。東坡是「自由」化身的傳統知識人，他有「一肚皮不合時宜」，因此「嘻笑怒罵皆成文章」。何況他又生在「士以天下為己任」的宋代，那是范仲淹所謂「寧鳴而死，不默而生」的時代，他不平即「鳴」，如箭在弦，招來「憂患」，也顧不得了。

正果的自由精神和「不平則鳴」的風骨淵源於中國古典文化，這是無可置疑的。在他的整個成長時期，從小學、中學以至大學，正值馬家店的新名教在中國大地上無孔不入，窒息得人人透不過氣來。「五四」以來一點殘餘的自由意識早已被掃除得乾乾淨淨，而西方的「精神污染」對於當時那個密不透風的社會，更是完全不存在的。除了中國古典文化之外，我實在找不到正果的自由精神的來源。自由雖潛存在普遍人性之中，如果完全沒有文化養料，還是不能發芽滋長的。但正果的「憂患」的性質則與東坡截然相異，因為它徹頭徹尾是現代的，和傳統時代的情況絕對不能相提並論。下面讓我把這個意思做一簡單的交代。

我們今天常常聽到一種說法，認為一九四九年以來的「一黨專政」體制是傳統專制王朝的繼續和發展。這句話似是而非，完全混淆了傳統皇帝制度和二十世紀極權體制之間的界線。事實上中國傳統的皇權祇能下伸到縣一級而止，縣以下皇權便鞭長莫及，基本上是民間自治。因此才流傳著「天高皇帝遠」這一句諺語。此中最大的關鍵是民間社會的存在——人民擁有自己的生活資料，因而也保留了一點最低限度的私人空間。這正是陶淵明能夠「不為五斗米折腰」，而賦〈歸去來辭〉的基本條件。即使在清初那樣嚴厲的異族統治之下，許多不肯降志辱身的士大夫也還可以出家為僧，隱於寺廟。但是中共的「一黨專政」則徹底摧毀了民間社會。在完全消滅了私有財產之後，黨控制了所有的生活資料，沒有任何一個社會成員能夠離開黨組織而生存。這是一個絕對一元化的權力結構：黨壟斷了一切權力——政治的、經濟的、文化的；黨以外不允許再有任何形式的獨立組織的存在，包括中國傳統中最重要的宗族組織在內。甚至「家」也不是個人的最後庇護所；無論是「家」或個人都必然屬於某一「單位」，而「單位」則在「黨書記」的絕對「專政」之下。這顯然是斯大林體制對中國的全面征服，不過在運作中具有「中國特色」而已。正果的前半生便生活在這樣一個集權社會之中，他的遭遇之酷決不是蘇東坡所能想像於萬一的。

為了給這兩種異質社會提供一個生動的對照，讓我舉毛澤東時代的兩個實例與蘇東坡的「憂患」作一對比。元豐二年東坡繫御史臺獄，為獄吏侵逼，自分必死，曾寫了兩首詩給弟弟子由。第一首起頭兩句是：

> 聖主如天萬物春，小臣愚黯自亡身。（見《集注分類東坡詩》卷二五）

這當然是取法韓愈的「臣罪當誅兮，天王聖明」（〈拘幽操〉）。退之這組〈琴操〉是為文王因於羑里而作，則東坡詩句不是伏罪而是反諷，其義甚顯。韓、蘇的名句流傳後世，無人不知，因此在「反右」與「文革」時期又以現代面貌出現。下面引詞人龍沐勛（榆生）和哲學家馮友蘭的例子，是我在無意中發現的，不但本身有趣，而且恰好可以說明我的論點。

龍沐勛是一位著名的詞家，詞學的造詣也很高，尤其在清詞方面。一九五六年由於陳毅的賞識和推介，曾受遇毛澤東招宴的榮寵，當筵獻詞，有「喜得傍太陽，身心全暖」之句。但不知什麼緣故，兩年後他在上海竟被打成右派，不但降級減薪，而且「喪失原有社會地位，朋輩往還遂稀」（見張暉《龍榆生先生年譜》，上海，學林，二〇〇一，頁一九三）。他牢騷滿腹，寫了下面兩句詩：

> 不合時宜空懇款，細思臣罪信分明。（見張暉《龍榆生先生年譜》，頁一九四）

上句明指東坡「一肚皮不合時宜」，下句即是「臣罪當誅」之意。

馮友蘭從一九四九年十月上書始，便一直在努力爭取毛澤東的垂青。他五十年代以後所寫的東西，「其內容主要的是懺悔」（《三松堂自序》，北京，三聯，一九八四，頁二八〇）。通過這些「懺悔」文字，他希望可以起到「小言亦可潤洪業」的作用（一九六二年《中國哲學史新編・題詞》）。他的巨大努力並沒有白費；在「文革」之前，他的生命中雖然也免不了一些小小的「曲折」和「坎坷」，但比起其他同類的「舊知識分子」來，總算是極少數幸運者之一了。「文革」爆發，他也照例進了「牛棚」，不過為時很短，一九六八年便讓他回家，並受到特別的照顧。據說這是因為毛澤東的示意。他為此而感激涕零，自是不在話下。下面是他在一九七一年給毛的一首感恩詩：

善救物者無棄物，善救人者無棄人，賴有東風勤著力，朽株也要綠成蔭。（《三松堂自序》，頁一八七）

他寫此詩時，心中是否聯想到東坡的「聖主如天萬物春」，已不可知，但所用的比喻、所表達的意思完全一致，則是毫無可疑的。

這兩個例子說明什麼問題呢？誠然，從表面上看，龍、馮二人都把毛看作「皇帝」。這就不免給人一種印象，好像毛的政權確是傳統王朝體制的延續和發展。不可否認，「皇帝」的幽靈不但存在於龍、馮的心頭，而且盤踞在毛的識田，因此他才自封為「馬克思加秦始皇」（見陳登才主編《毛澤東的領導藝術》，軍事科學，一九八九，頁二八）。但這祇是一種心理的歷史沉澱，未可與客觀的制度混為一談。深一層去分析，我們便不難發現：毛所擁有的權力遠非傳統的皇帝所能望其項背，龍、馮兩人的遭遇也不能與東坡入獄等量齊觀。我祇需提出兩個對照性的觀察便夠了。

第一、東坡烏臺詩獄完全起於政敵的誣陷，並非宋神宗的指使。相反的，正是由於神宗過問了此案，他才獲得無罪釋放。史稱他出獄後「神宗數有意復用，輒為當路者阻之」（《宋史．蘇軾傳》）。當時執政宰相是王珪和吳充，王珪尤以貪權忌才著稱，神宗想起用司馬光，也為他所阻。可見宋朝的皇帝必須遵守法度，並不能任意而行。對照之下，龍沐勛和馮友蘭所遭受的侮辱與傷害則完全出於毛澤東的「無法無天」；「反右」和「文革」都是他為了不可告人的目的，一手發動起來的全面「運動」，造成了數以百萬計的家破人亡。這並不真的是因為他的本領通天，而是因為他坐在金字塔式的權力結構的尖頂上，可以隨心所欲地揮灑自如，沒有這個極權體制作後盾，他不可能以一人之力而如此「無法無天」地禍亂天下。傳統的皇帝無不「奉天」、「法祖」，如何能夢想到有這樣無邊無際的權力？

第二、東坡入獄出獄在政治上雖遭遇了挫折，但是他的社會地位則絲毫不受影響，甚至還博得更多人的敬重與同情。正如范仲淹三度貶逐，卻越貶越光榮，他因此而有「仲淹前後三光」的自嘲。這說明在中國舊傳統中，政治並不必然是最高標準，更不是唯一標準。但在毛澤東的極權統治下，龍沐勛一戴上「右派」帽子便立即「喪失社會地位」，無人敢和他交往。馮友蘭一進「牛棚」，紅衛兵則當面以「狗」呼之（見《三松堂自序》，頁一七〇）。總之，任何人一旦在政治上受到懷疑，用當時流行的語言說，便成了「不齒於人類的狗屎堆」。但龍、馮二人的例子還隱藏著一個更可怕的事實，必須予以揭示，以展示極權政治的「中國特色」。

《龍榆生先生年譜》「一九六一年」條說：

九月二十九日，上海音樂學院黨委書記兼院長鍾望陽為先生摘帽，先生賦〈賀新郎〉（淚涌情難抑）一闋。自此後，先生處境稍勝於前。（頁二〇六）

龍沐勛為什麼在一九六一年忽然得到「恩赦」摘去了「右派」的帽子呢？《年譜》作者沒有一句解釋的話。但《年譜》保存了兩件官方文書，解答了我們的疑問。一九七九年一月十六日中共上海音樂學院委員會在〈關於龍榆生同志錯劃右派的改正報告〉中說：

約一九六一年起，龍曾協助我公安機關做某對象的偵察工作多年，配合尚好。（見《三松堂自序》，頁二三四）

一九八三年十一月上海音樂學院在〈悼詞〉中則說：

在他的最後幾年中，還接受了黨交給一項有關某一部門的專門任務，盡了自己的力

量，得到了肯定。（見《三松堂自序》，頁二四〇）

原來他的「摘帽」是有交換條件的，即答應暗中為公安機關「做某對象的偵察工作」。不用說，所謂「某對象」一定是他平時交往很密切的朋友，否則這個「任務」不可能落在他的身上。「配合尚好」、「盡了自己的力量，得到了肯定」等褒詞證實了他在最後五年中曾向公安機關提供了許多有關「某對象」的祕密報告。但這不是特殊的偶發事件，而是極權體制的一個構成部分。康正果一九六三年初入大學，也遭遇過同樣的經驗。他告訴我們：「我周圍的同學中也有類似間諜的人物，他們竟有心思從別人隨意書寫的語言碎片中搜索出反動言論。」前面已經提到，他的「三無世界」字條便是旁座的「同學」偷偷送給「輔導員」的。正果當時不過是一個最普通的學生，尚且有人隨時在旁「偵察」。我們不難推斷，龍沐勛的「對象」必然是一位很有學術地位的人物，極可能是他的一位詞友。把一位高雅的詞家逼成一個「賣友求榮」的公安機關的「線人」，試問這是一個什麼樣的世界！

同樣的，馮友蘭在一九六八年取得特殊的待遇，也付出了很高的代價。他一生都打著

「尊孔」的旗幟，而且一度以繼承「道統」自居，為什麼一九七三年忽然變成了「批孔」的急先鋒呢？他晚年時對這一轉變有很坦率的自我解剖。他說：

一九七三年，批林運動轉向批孔運動，批孔還要批尊孔。當時我心裏又緊張起來，覺得自己又要成為「眾矢之的」了。後來又想，我何必一定要站在群眾的對立面呢？要相信黨，相信群眾嘛。我和群眾一同批孔批尊孔，這不就沒有問題了嗎？在這種思想的指導下，我寫了兩篇文章。這兩篇文章，在會上唸了一遍，果然大受歡迎。

《三松堂自序》，頁一八七）

這兩篇「批孔」文章立刻獲得毛澤東的賞識，經「御筆」點定後，各大報都爭相轉載。他在一夜之間竟成了「紅」得發紫的人物。他是不是真的相信這兩篇「批孔」文章中所說的話呢？我們且聽聽他自己的招供：

在領導和群眾的鼓勵之下，我也就走上了批孔批尊孔的道路。我不知道，這是走群眾路線，還是嘩眾取寵。這中間必定有個界限，但當時我不清楚。照我現在的理解，這個界限就是誠、偽之分。（中略）如果自己沒有真實的見解或有而尚把它隱蔽起來，只是附和暫時流行的意見，以求得到某一方面的吹捧，這就是偽。這就叫嘩眾取寵。照上面所說的：我在當時的思想，真是毫無實事求是之意，而有嘩眾取寵之心，不是立其誠，而是立其偽。（見《三松堂自序》，頁一八八——一八九）

可見馮友蘭所付出的代價比龍沐勛更大。他承受不起極權體制的巨大壓力，最後竟不惜自毀生平，公然以「曲學阿世」的方式來換取現實生活上的安全。他是哲學家，「立其誠」（追求真理）則是哲學的靈魂。現在他「不是立其誠，而是立其偽」，這豈不正如西方寓言所說，用自己靈魂來和魔鬼作交易嗎？

必須鄭重聲明，我舉龍、馮兩人為例，決不帶半點道德譴責的意味。相反的，我對他們的遭遇實在抱著無比的同情。和蘇東坡一樣，他們的「憂患」也是因為「識字」太多，但是他們的命運卻比東坡為悲慘。他們在毛澤東統治下度過下半生，被極權機器絞壓得死去活來，其處境比吳梅村「草間偷活」、「脫屣妻孥非易事」也不知道要困難多少倍。在這裏引此二例祇是為了展示極權體制的「中國特色」。長期以來，西方和日本學者往往強調中共政權與傳統王朝之間的傳承關係，更把毛澤東所擁有的權力理解為「皇帝型的權力」。這種看法似是而非，過於簡單化了。上面我們看到，龍沐勛和馮友蘭的詩都流露出一種殘餘的皇帝意識，即將毛澤東看作皇帝。龍詩下句所表達的是東坡「小臣愚黯自亡身」（韓愈所謂「臣罪當誅」）的意思，馮詩則通篇是「聖主如天萬物春」的放大。但龍詩的背景是「反右」，馮詩的背景是「文革」，而「反右」和「文革」都不是孤立事件，不過是一九四九以後無數「運動」中的兩個環節而已。毛澤東時代的「運動」一個接著一個，內容和重點也各自不同，然而卻有一個共同點，那便是由黨組織設計、決定，然後通過發動、操縱、控制「群眾」的方式而展開。所以每一個「運動」都具有「群眾運動」的表象，而實質上則適得其反。毛澤東在黨內一個集會上曾說：「群眾運動便是『運動群眾』。」（這是已故李慎之先生告訴我的）這真是一針見血的話。這樣我們便清楚地看到，「反右」和「文革」必然以極權的黨組織為其絕對性前提。儲安平稱此一統治為「黨天下」，是很傳神的。但它明明是從前蘇聯抄襲而來，在中國史上是找不到的。所以我們可以斷定，毛的權力的性質屬於斯大林型，而非傳統的皇帝型。不過由於他是中國人，特別熟悉關於專權皇帝如秦始皇、明太祖的記載，因此在行為上自然就帶有濃厚的帝王作風，如此而已。這是上面所謂「中國特色」的確切涵義。毛自許為「馬克思加秦始皇」，確有很高的真實性。其象徵的意義更不容忽視。「馬」提供了極權體制，「秦」則決定了「中國特色」：無論就毛個人的或「黨天下」整體的運作而言，都是如此。

這是正果《反動自述》的時代背景。東坡「人生識字憂患始」的詩句雖同樣適用於正果、龍沐勛和馮友蘭，但他們的「憂患」的來源與性質則完全與東坡不同。中國傳統從來都是尊重「識字」的，但在現代極權統治之下，「識字」則成為一種「原罪」。赫魯曉夫在《回憶錄》中曾明白說過，最難對付的是俄國的作家和詩人，可見具有「獨立之精神、自由之思想」的知識人是極權統治的主要敵人（關於斯大林對作家和詩人的迫害和侮辱，柏林有第一手的可靠報導，見 Isaiah Berlin, "Conversations with Akhmatova and Pasternak," in *The Proper Study of Mankind*, New York, 2000, pp. 525–552）。毛政權對知識人之殘酷和輕侮正因為它是斯大林體制的中國版。「知識越多越反動」的口號雖然在「文革」時期才正式露面，但這一心態早已體現在一九四二年延安「整風」運動中：受害者主要都是知識人，王實味不過是成千上萬中之一人而已（參看陳永發《中國共產革命七十年》，修訂版，臺北，聯經，二〇〇一，上冊，頁三八五——四〇〇）。

今天流行著一種意見，認為一九四九年以來，知識人所遭受的迫害，責任全在毛澤東一個人。這個意見過於片面、過於簡單化，是由於下面兩個相關的因素造成的：第一、觀察者的眼光過於集中在與毛打過交道的著名「大知識分子」（羅隆基語），而忽視了千千萬萬無名的「小知識分子」。第二、更重要的，觀察者完全沒有看見黨天下的決定性的作用。事實上，毛雖然憎恨知識人，但如果沒有「黨天下」的機制，無論他如何神通廣大也不可能把他們玩弄在手掌之上。從史學的觀點看，正果這部《反動自述》的重大價值便在這裏：它恰好糾正了上述的兩個嚴重的偏向。正果初進大學便立即成為「黨天下」絞壓的對象，那時他不過是一個小得不能再小的「小知識分子」而已。他的「憂患」竟和許多「大知識分子」、「中知識分子」屬於同一性質。這一現象如果不追溯到「黨天下」體制的源頭，將完全無從索解。正果轉引了王震（殺害王實味的人）所傳達的毛的內部講話：

一千一百萬幹部組成一個統治集團，統治六億人民。幹部就是官；官者，管也。我就是紅色皇帝。

毛的原文是否如此，已不可知，但客觀地說，這幾句話確實生動地反映了「黨天下」及其「中國特色」。當時一千多萬的「幹部」一個個都是毛澤東的化身，在每一層次和每一單位扮演著「小紅色皇帝」的角色。以正果的個人經歷而言，師大的「彭書記」、「班長」，青磚二廠的「傳大組長」，勞教收容站的「楊班長」，以及馬欄農場的「張隊長」，沒有一個不是「具體而微」的毛澤東。所以正果所寫的雖僅僅是他一個人的「心史」，所折射的卻是當時整個中國大陸的精神面貌。這真是從一滴水可以看出整個大海的形勢了。今天研究歷史必須宏觀與微觀交互為用。宏觀是孟子所謂「立其大者」，但如果得不到微觀的印證，則不過是一具空洞的骷髏，既無血肉，即無生命。微觀的記述越具體、詳細，則越有價值。正果的《自述》便提供了這樣一部有生命的微觀記錄。今天其他受害者的回憶文字也不斷湧現，但我們祇嫌其少，不嫌其多。因為這是最可寶貴的原始史料，必將成為未來史家研究二十世紀下半葉中國史的重要依據。但正果的《自述》則別具一格，顯示了豐富的文化意涵，不僅僅是史料而已。這是我要特別強調的。

正果書名中「反動」一詞不是「黨天下」所加給他的惡名，而取老子「反者道之動」之義。我想為此語別進二解。第一、老子的「道」若當作發展規律看，則宇宙間一切事物最後必走向其反面。這一點恰好表達了正果對「黨天下」的認識，即所謂「飄風不終朝，驟雨不終日」、或「強梁者不得其死」。第二、「道」如作為一種立身處世的規範看，則正果的「反動」顯示了他面對強大的「黨天下」而決不屈服的信念。這是所謂「天下莫柔弱於水，而攻堅強者莫之能勝」。在常識中，我們總以為強必勝弱，眾必克寡，所以中國人的處世格言往往教人不能「以卵擊石」，祇能「逆來順受」。但真正能以「道」自持的人卻反其道而行之，這是「反者道之動」的另一解。但老子以「水」為「柔弱」卻是一種誤會。遠在老子以前古人已發現了「水」的「強」，故有「水能載舟，亦能覆舟」的名言。正果雖僅孤身一人，卻處處表現了孟子所謂「雖千萬人吾往矣」的氣概。這正是《中庸》的「君子之強」：「和而不流」，「中立而不倚」，「國有道，不變塞焉」，「國無道，至死不變」。這是我讀了這部《反動自述》後的真實感覺。

最後，讓我再回到古典文學與正果的關係。他的《自述》更加深了我對他個人的認識。他的特立獨行，守正不阿和不平則鳴，以及由此而招來的種種「憂患」，使我自然而然想起五百年前他的一位同宗和同鄉——康海（一四七五——一五四一），號對山。康對山是陝西武功人，明代文學史上著名的「前七子」之一。他雖然在弘治十五年（一五〇二）以進士第一人及第，但由於平生「直道而行」（見馬理〈對山先生墓誌銘〉）又「性喜嫉惡」（見〈與彭濟初書〉，《對山文集》卷三），因此一生宦途坎坷，飽嘗「憂患」。正果是否曾聞對山之風而起，我完全不知道。無論如何，對山〈詠史〉一首，實為「詩言志」之作。現在轉錄於下，我相信一定會引起正果的共鳴：

天邊有黃鵠，高飛一萬里。烈士恥庸節，世事特敝屣。
朝辭上東門，暮從赤松子。感慨風雲期，超悟往還理。
進既有所因，退亦何所倚。獵犬食兔狐，不免灶旁死。
富貴多嶮巇，英雄如螻蟻。所以明哲人，窮達重徇己。（《對山文集》卷九）

二〇〇四年三月六日於普林斯頓

（康正果《出中國記：我的反動自述》，臺北，允晨，二〇〇五）

王友琴《文革受難者：關於迫害、監禁與殺戮的尋訪實錄》序

——挽救記憶的偉大工程

王友琴博士這部關於文革死難者的調查專書是一項偉大的工程。她從一九八〇年便開始有計劃地收集資料，到今天已整整四分之一世紀了。更令人驚異的是：她並沒有合作者或助手，完全是憑一人之力獨立完成的。材料的收集是一個不可想像的困難過程。基本上她是親自訪問當時的學生和教師，先後共有上千人。大部分受訪者以及死難者的家人，不是餘悸猶在，便是受不了回憶的痛苦，因此開始都不肯說出真相，友琴必須耐心地作說服工作，取得了他們的信任，然後才能打開訪談之門。為了避免記憶的失誤，友琴又作了進一步調查努力，儘可能地到各學校核對記錄，確定死難的時間和事件始末。她調查的學校

（以中學、小學為主）有二百多所，地域遍及北京、上海、天津、江蘇、浙江、廣東、江西、福建、山西、陝西、四川、新疆等二十五個省市區。除了當面訪談之外，她還通過通信、電話和網路種種方式增補了不少資料。訪談和調查告一段落後，友琴又花了幾年時間全面整理所有的資料，最後寫成這部專書，包括六百五十九位死難者的傳記。

據比較保守的估計，整個「文革」時期全部非正常死亡人數在一百七十二萬以上（見陳永發《中國共產革命七十年》，修訂版，臺北，聯經，二〇〇一，下冊，頁八四六）。友琴搜集到的六百五十九人不過是韓愈所謂「流落人間者，泰山一毫芒」而已。但除了極少數知名人物和中共高級幹部之外，這一百七十多萬人都已成了無名冤鬼，友琴以一人之力便將六百五十九位死難者從「身與名俱滅」的絕境中挽救了出來，這真是起死回生的大功德。友琴關於受難者的訪談後來雖擴大到學生、工人、農民、醫生、保姆、家庭婦女等等，但主要對象仍是中、小學的教師。這是本書的重點之所在，中、小學教師在「文革」受難者中顯然構成一特殊的「類」，本書關於他們的大量傳記等於正史中的合傳（如《後漢書》的〈黨錮列傳〉），為未來史學家提供了極大的便利，這是因為「文革」的波及面太廣，如果對受害人物不作進一步的分類，研究是無法展開的。所以我深信本書具有極高的史料價值，將來史學家無論是研究這一階段的政治史、教育史，或社會史，都不能不建立在這部專書的基礎之上。

以史料的性質言，本書屬於所謂「口述歷史」(oral history)，在西方是新起的。美國哥倫比亞大學自二十世紀中期以來，便建立了一個大規模的「口述歷史計劃」；臺北中央研究院近代史研究所也從六十年代起，展開了口述歷史的研究，後已出版了許多專書，這兩處的口述歷史基本上是以個人為本位，也就是口述自傳。對照之下，本書包羅的人物則多過六百餘名，規模宏大多了。但本書所用的訪談和實地調查其實正合於中國古代的史學傳統。孔子說，「文獻不足故也，足，則吾能征之矣」（《論語．八佾》），便分指「文字」和「口述」兩種史源。因為「獻」指「耆舊」，即老人。老人傳述的故事是歷史的另一重要根據。所以司馬遷撰《史記》列傳，往往在傳末（「太史公曰」）說明他調查訪談的過程。最明顯的是下面這一段話：

> 太史公曰：吾適豐沛，問其遺老，觀故蕭、曹、樊噲、滕公之家，及其素，異哉所

聞。……余與他廣（按：樊噲之孫）通，為言高祖功臣之興時若此云。（卷三五）

這不是和友琴的訪問調查，先後如出一轍嗎？《史記》中尚多他例，這裏不必詳舉了。這一搜集活史料的方法，後世仍然沿用，特別是在宋以後的地方誌中。例如民國初年所修《婺源縣誌》的「凡例」中便標明「採訪員報」，可知其中不少事實是從調查訪問中得來。我很高興看到此書繼承了中國史學的一個優良傳統，為後世提供了這許多十分可信的原始史料。

友琴之所以奉獻二十五年的寶貴時間全力寫成這部《文革受難者》，當然不是僅僅為了收集文革資料，供後世史家作純客觀的研究。她以宗教式的熱忱來進行這一偉大工程完全是受了人的良知的驅使，不忍讓無數在「紅色恐怖」下慘死者從中國人的記憶中消逝得無影無蹤。一九六六年八月五日北京師大女附中副校長卞仲耘女士被紅衛兵學生活活打死，她是紅八月的第一個犧牲者。當時友琴才十三歲，正在該校讀書。這一慘絕人寰的事件必然在她的幼小心靈中留下了不可磨滅的傷痛與恐懼。這才是本書從創始到完成的真正原動力。我雖然當時身在海外，卻也能間接印證本書的調查結果。一九七八年十月我率領「美國漢代研究代表團」訪問中國大陸各地的考古遺址，第一站在北京集合。我有不少家人、親戚仍住在北京北兵馬司的故居，因此我曾三次回到故居和他們團聚。我聽到有關「文革」的第一個故事便是北京中小學紅衛兵打死校長、教師的情況，他們繪聲繪影，描述得如親臨其境。最使我難忘的是某一間中學（校名忘記了，但前面是很大的數字）的學生在教室中用釘板和皮帶銅頭痛打老師，血肉橫飛，沾在四壁。他們還告訴我，我的一位姪媳婦，在安慶教中學。「文革」爆發後，她也是被學生打死的。當時同行中有考古學家亡友張光直，早年在北京上過小學，和校長的感情很好。他聽了我的轉述，有點懷疑是不是事實。過了兩天，他特別去探望了他的校長，回來後告訴我，這位校長的雙腿都被學生打斷了，已經不能行走。我在二十六年前偶然聽來的事迹竟和本書所呈現的基本面貌若合符節，則本書字字都是實錄，更無可疑。

中國是一個最講「尊師重道」的古老文明古國，而且「尊師」的傳統從未斷絕過。晚明以來幾乎家家戶戶都供奉著「天、地、君、親、師」五個大字，民國以後則改為「天、地、國、親、師」，為什麼「文革」爆發後，第一個暴力行動便指向老師呢？我當然不可能在這裏討論這樣大的問題，不過我願意指出兩個關鍵性的事實：第一是一九四九年以後，俄國的列寧、斯大林體制全面征服了中國；第二是這個征服了中國的「列、斯體制」，在實際運作中又發展了更可怕的「中國特色」。

所謂「列、斯體制」當然便是大家都知道的極權統治，毋須多說。它在文化教育上的根本態度則是反對知識，敵視知識人。這是因為極權統治必然採取儲安平所謂「黨天下」的方式，也就是由一個「黨」絕對地宰割天下和人民。因此整體地說，「黨」必須使用一切可能的手段，包括欺詐和殘暴，以保持它用暴力奪來的政權。對於這個「黨」來說，失去政權便等於宇宙毀滅。從個體的角度說，每一個「黨員」則同樣必須用一切手段保持他個人所抓在手中的「權力」，而且祇能增加，不能減少。有權便有一切，沒有權便失去一切，是每一個「黨員」的基本信條。斯大林說過「共產黨員是用特殊材料製成的」，其確切的涵義其實在此。由於這個緣故，黨內的鬥爭也永遠不會停止。「黨天下」的合法性完全建在一套特有的意識形態之上。這套意識形態是絕對真理，決不允許任何人有一絲一毫的懷疑，因為一有懷疑，「黨天下」的基礎便會發生動搖。所以，「黨天下」本能地反對知識和敵視知識人。前蘇聯的「列、斯體制」從一開始便徹底體現了反知識（anti-intellectualism）的精神。無論是哲學、文藝、社會、科學、史學都必須在「黨」的嚴密控制之下，與官方意識形態保持絕對的一致。自然科學也不能例外。我們都知道所謂「斯大林的語言學」和「李森科的生物學」的笑話，事實上早在列寧生前，這種傾向已十分明顯，一九二二年蘇共的刊物上便開始攻擊愛因斯坦和其他「唯心主義」的科學家了（見 Roger Pethybridge, *One Step Backwards, Two Steps Forward*, Oxford, 1990, p. 213）。

第二，關於「中國特色」的問題，毛澤東本人已一語道破，在文革期間他曾作自我評價，肯定自己是「馬克思加秦始皇」（見陳登才主編《毛澤東的領導藝術》，軍事科學，一九八九，頁二八）。他自封為「馬克思」不過是自我陶醉，說他是「斯大林加秦始皇」真正名副其實。這裏的斯大林不僅指人還指體制。秦始皇則象徵了他的「中國特色」，秦始皇以「焚書坑儒」留下千古罵名，毛澤東卻偏偏在這四個字上繼承了他的衣缽。所以在政治運用上，毛和他的「黨」充分復活了中國專制帝王的統治手段，包括特務制度（如明代的東、西廠）、文字獄等。甚至《毛語錄》和紅衛兵也可以在明太祖那裏找得到源淵。明太祖寫過《大誥》三編，事實上即是他的語錄。他不但要求天下所有的學生（從國子監到社學）都讀《大誥》，而且還下詔說：

朕出斯令，一曰《大誥》，一曰《續編》，斯上下之本，臣民之至寶，須行天下，務必戶戶有之。（見《大誥續編校須行續誥》第八十七）

天下家家戶戶都必須有這一套「至寶」，豈不是「文革」時期的「紅寶書」嗎？《明史．刑法志一》說：

於時（按：洪武十九年，一三八六年），天下有講讀《大誥》師生來朝者十九萬餘人，並賜鈔遣還。（卷九三）

試想這和百萬紅衛兵人人手舉《毛語錄》在天安門前高呼萬歲，有何不同？明初人口不過一億人上下，這十九萬餘人集會在南京，以比例而言，較之百萬紅衛兵的聲勢一點也不遜色，所以毛的「黨天下」除了外來的「列、斯體制」之外，其「中國特色」也同樣不容忽視。「斯大林加秦始皇」真是如虎添翼，威力無窮。而且不僅中國為然，前蘇聯的一黨專政也同樣有其「俄國特色」，即沙皇制度。早在一九二〇年俄國文學家米諾可夫(Miliukov)便已指出：布爾什維克專政在理論上來自西方，在實踐上則深深地植根於俄國的歷史文化的底層（見 Paul Miliukov, *Bolshivism: An International Danger*, London, 1920, p. 5）。

列寧建立政權之後，在教育上首先便表現了兩個特色：一是降低過去的學術水準，二是打擊教師的權威。中學教師的待遇最低，月薪祇有四十五個盧布，而學校工友的月薪則是七十個盧布。「黨」更有計劃地引導學生在課堂上羞辱老師，使之無地自容。後來一位文學家曾假借十五歲學生的日記的形式創作了一本小說，描寫學生如何橫蠻粗暴和教科學的女教師最後怎樣驚惶逃走，讀後令人毛骨悚然。唯一與文革不同之處，祇不過學生沒有動武罷了（詳見 Richard Pipes, *Russia under the Bolshevik Regime*, New York, 1994, pp. 318–9）。中共的黨天下在體制上對蘇聯亦步亦趨，因此也是一開始便將教師貶為三等公民，並極力挑撥學生去攻擊先生。一九五二年陳寅恪寫了一首〈呂步舒〉七絕。詩曰：

證羊見慣借粗奇，生父猶然況本師。不識董文因痛詆，時賢應笑步舒癡。

此詩首二句便分指子女清算父母、學生批判老師（詳細解說見我的《陳寅恪晚年詩文釋證》增訂新版，臺北，東大，一九九八，頁五四——五六）。陳先生極為敏感，所以早在一九五二年已「一葉知秋」。十四年後學生打死老師的現象決非偶然，文革也不僅僅是毛澤東一人所能掀起的。這一切都內在於「黨天下」體制的本質。有此列、斯體制及其中國特色，便必然發展出文革，也必然不斷出現打死教師和其他各類知識人的慘劇。

所以文革並不是一個孤立的歷史事件，而是「黨天下」在展現其最真實本質的進程中一次高潮而已，一九四二年的延安「整風」和一九五七年「反右」都是它的先聲。而且文革也不是上述進程的終結，在新的歷史階段，「黨天下」的本質仍然會以新的方式呈現出來。十五年前天安門的一幕，在大多數中國人的記憶中已變得若存若亡了，但還是有人不能忘懷。最近向「人大」「政協」上書的蔣彥永醫生便是其中最可敬的一位。

對於一個患了嚴重失憶症的民族，王友琴博士這部《文革受難者》真是一劑及時良藥。

二〇〇四年三月十二日於普林斯頓

（王友琴《文革受難者：關於迫害、監禁與殺戮的尋訪實錄》，香港，開放，二〇〇四）

《沉重的回首——天安門運動十五周年》序

——六四：未竟的民主運動

今年是「六四」事件的十五週年。陳小雅女士費了極大的心力，在浩如煙海的資料中選出二十四篇，編成這部《沉重的回首》文集，以紀念這個意義十分重大的日子。我認為這不但是最適當的紀念方式，而且也為將來關於「六四」的歷史研究開闢了道路。本書編選的指導原則是「客觀」與「理性」，因此採取了「多角透視」的觀點。這更是我十分認同的態度。「六四」過去十五年了，今天紀念它，我們不需要再訴諸政治激情，而毋寧應該歸宿於澄澈的理性。祇有如此，我們才能在理想方面繼承「六四」，而同時在實踐方面超越「六四」。

六四屠殺在封建社會也罪無可恕

關於這部文集的內容，小雅女士的〈導讀：八九——六四事件多角透視〉已作了鉤玄提要的評介，我不能再贊一辭。所收文字中，我過去曾讀過一部分，但多數則未嘗寓目。讀完〈導讀〉之後，我承認她所選的二十多篇論文確有代表性，因為其中甚至包括了公開為鎮壓辯護的議論，民主的精義之一便是對於反對者的容忍，如果一味自我正義化而不容反對者有置喙的餘地，那麼民主便轉化為極權了。

我這樣說，並不是對六四事件本身的是非問題抱有一絲一毫懷疑的意思。這一事件的核心事實是中共動用國家的軍隊，在天安門一帶以坦克車和機關槍，屠殺赤手空拳而和平請願的青年學生和普通老百姓，這是全世界的人當時在電視上親眼目睹的一幕慘劇，這一殘酷事實的本身已清清楚楚地以鮮血大書於活的歷史上面，再也沒有改變的可能，更不發生任何解釋的問題。所以天安門屠殺作為一個已完成的事實，它的意義當下即已確實無疑：這是中共政權犯了「殘害人類」的滔天罪行（即 Crime against humanity），我並不是用西方現代的人權語言來妖魔化中共，因為這也是中國文化傳統中公認的道理，孟子早就說：「行一不義，殺一不辜，而得天下，皆不為也。」但這話陳義太高，姑且不論。讓我舉一個具體的史例來說明我的論點。明朝萬曆二十九年（一六〇一）蘇州市民因為太監以重稅榨逼商販而激起了一場數千人的集體抗議行動，並且打死了太監的一個手下。當時地方當局便有人主張用軍隊鎮壓。同時代的著名文學家陳繼儒（一五五八——一六三九）記此事說：

> 當事聞之驚，謀禦以兵。獨太守朱公燮元曰：「不可，兵所以禦外寇者也，吾不能鋤奸，以至招全亂。若又擊之，是重其毒也。」（見陳繼儒〈吳葛將軍碑〉收在《明清蘇州工商業碑刻集》，江蘇人民，一九八一，頁三八二——四）

四百年前的蘇州太守朱燮元已認清軍隊的功能是防禦外敵入侵，決不能用來殘毒老百姓，這豈不足夠說明：天安門屠殺即使在專制王朝下的中國也是一種決不可恕的罪行？

「六四」雖以一九八九年六月四日的天安門屠殺為其核心事實，但作為中國歷史上一個具有重大影響的事件則遠遠超出這一核心事實之外。小雅女士在〈導讀〉中便將「六四」看作是「八九民運」的同義語，所以她筆下的「六四」是指「一九八九年四月十五日至六月四日爆發於中國北京，波及全國，在中國史無前例，對世界共產主義陣營產生震撼性影響的民主運動」，這確實是我們一般接受的關於六四的理解。我姑且稱之為廣義的「六四」。本書所收的論文也都是以廣義的「六四」為研討的對象，因此，涉及歷史的背景，運動的過程，事件的後果等面向。這些當然都是極其複雜的歷史現象，必須通過「多角透視」才能逐漸揭示其本來面目。從這一點說，「六四」與「五四」之間確有十分相似的地方。狹義的「五四」專指一九一九年五月四日北京學生在天安門進行示威，反對巴黎和會的事件。但五四這一天的事件之所以能夠發生，則是因為從一九一七年起已有白話文、新思潮等一系列的文化運動為之先導，而這一天之後中國的政治與文化又發生了根本而持續的變化。因此廣義的五四運動的上限始於一九一七年，其下限可以延伸到三十年代。

狹義的六四已有重大貢獻

兩相對照，我們可以清楚地看到：狹義的「六四」和狹義的「五四」一樣，都是在一天或幾天之內便已完成的特殊事件。但是「五四」作為一個廣義的文化運動而言，則前有因，後有果，先後延續了一、二十年之久。因此以廣義的「五四」為類比，「六四」作為一個持續性的民主運動似乎也應該有它的前因與後果。關於前因方面，小雅女士不但追溯到所謂中共的「十年改革」，而且還點出：「十年改革」本身必須看作是「世界共產主義運動變遷的一個重要組成部分」。這是一個十分敏銳而深刻的觀察。如果說得直率一點，這裡所謂「變遷」其實便是世界共產主義走向解體或崩潰的歷史過程。共產主義的極權統治，在二戰後顯然構成了一個世界體系。這個世界體系的每一部分和其他部分都是息息相關的，因此常常互相感應，很像中國古語所謂「銅山東崩，洛鐘西應」。中共的「十年改革」固然是共產國際整體動態的一個組成部分，即使中國的民主運動恐怕受到當時的蘇聯和東歐各國實際動盪的影響，更大於西方的抽象觀念。這雖是我的直感，但將來的研究也許可以證實。同樣的，一九八九年中國的天安門事件也對東歐各國本已搖搖欲墮的共產統治發生了推波助瀾的反作用，終於引起一連串的骨牌效應。就我當時在各種新聞報導所見，無論是東德柏林圍牆的倒塌，或是捷克的「柔軟革命」(Velvet revolution)，天安門的「幽靈」都在天空上游盪，甚至明明白白地寫在示威群眾高舉的布條上面。這是「六四」對於極權世界體系總崩潰的重大貢獻。

那麼，作為廣義民主運動的「六四」是不是在天安門暴力鎮壓以後便完全煙消火滅，一夜之間即成了歷史陳跡呢？「五四」作為文化運動曾延續了一、二十年之久，上面已經提到了。難道像「六四」這樣一場規模遠為浩大而又「波及全國」的大運動竟沒有留下任何政治、社會、經濟、文化方面的「後果」嗎？但是這個問題太大，我不可能在這裡展開討論。下面我衹能簡單地說出我個人的一點疑問，以結束這篇短序。

廣義的六四是極權解體中間階段

專就一九八九年四月十五日在天安門開始的民主運動而言，它確確實實在六月四日屠殺以後便終結了。當時直接間接參與運動的人或死、或囚、或走，也都風流雲散了。但是這場運動不是從天上忽然掉下來的，它背後存在著一個日益壯大的歷史動力，其性質和最後摧毀了世界極權體系的那股沛然莫之能禦的力量基本上是相同的。這股力量起於極權統治的內部，非從外來。這是因為最典型，最有效的極權統治必然是一金字塔式的結構，一切權力最後集中在塔尖上一位最高領袖的手上，斯大林、希特勒、毛澤東都是顯例。因此在這一結構下，祇有塔尖上一個人可以發揮自由意志，統治集團中其他成員，無論地位多高，都不敢對最高領袖的一言一行稍有違背。他們對下面的幹部和一般群眾雖然可以任意發威，但自己仍有隨時被「整肅」的可能，所以同樣不能掌握自己的命運。但是人作為生命主體，首先便要求在重重客觀條件的限制下仍能盡量爭取自由、自主的可能性。這一普遍人性決定了極權體系最後必趨於解體或崩潰，因為沒有人能長期壓制住潛藏在生命深處的自由、自主的衝力。

由於極權體系下，最大最重的權力集中在金字塔的上端，這個結構的解體必然從上面開始，而且要等到第一代最高領袖死亡之後。蘇聯的解體早始於一九五三年「去斯大林化」，其過程緩而長，中共則始於一九七六年，其勢急而促。所謂「十年改革」其實即解體的第一階段；權力的再分配僅限於黨內，當時稱之為「黨內民主」。這是統治集團內部人人都想爭取的自由、自主。但是解體一旦開始便無法中止，一直沿著金字塔的結構從上而下蔓延。到了八十年代中期，所謂「民主」的要求已從黨內擴大到黨外，最初是中年知識界，接著便很快過渡到青年學生。這是解體的第二階段，至八九民運而達到最高潮。推動民運的歷史動力則仍是內在於人性的自由、自主的強烈要求，不過因為發展到了黨外群眾的身上，聲勢浩大，使專政的黨為之驚惶失措，終於採取了天安門屠殺的最下策。

所以，根據我個人的理解，廣義的六四是一場未完成的政治、社會運動，代表了極權解體進程中的一個中間階段。祇要原有的歷史動力依然存在，這個運動便不可能中止。暴力可以驅散天安門示威人群，但無法阻止同一歷史動力以其他種種意想不到的方式發揮出來。「六四」以後民間發生的「法輪功」運動，便是一個最明顯的例子。這就表示極權解體過程已進入第三階段，自由、自主的要求已從金字塔的中層移到底層了。貧苦無告的老百姓雖不能完全懂得「民主」「自由」「人權」等等抽象概念，但是他們要求掌握自己命運的意願則是同樣強烈的。下崗工人、貧苦農民、被迫遷的城市居民等等人群的「上訪」事件，隨著貧富日益兩極化，而層出不窮。他們其實是在繼續著十五年前天安門群眾要求社會公平的運動。從這一角度看，廣義的「六四」似乎並未全軍覆沒，它在極權解體的過程中扮演了承前啟後的角色。「六四」並沒有「蓋棺」，因此也還不到「論定」的時候。

這是我個人的一個疑問，姑且寫出來請小雅女士和讀者指教。

二〇〇四年九月十二日於普林斯頓

（陳小雅主編《沉重的回首——天安門運動十五周年》，香港，開放，二〇〇四）

阮銘《歷史的錯誤：臺美中關係探源》序

——現狀下的均衡——當前臺灣、大陸、美國的三邊關係

阮銘先生到臺灣任教以後，我和他已多年沒有聯繫了。前幾天他回到美國，我們才有一次交談的機會。他告訴我，這幾年他一直在教一門臺、美、中關係史，剛剛完成了一部《歷史的錯誤：臺美中關係探源》的專著，並且很懇切地希望我為此書寫一篇序文。

這一領域雖不在我的專業範圍之內，但這五、六十年中、美關係的演變，卻是我親見親聞的歷史；所以我抱著很高的興趣讀完了他的全稿。現在讓我把一點讀後感寫在下面，以答阮先生索序的雅意。

首先我要指出本書的幾個特色。第一、作者是一位理想主義者，對於民主和自由的追求到了「顛沛必於是、造次必於是」的境地。他在本書中毫不隱諱地偏袒臺灣，正是因為

他十分珍惜在臺灣建立民主體制方面所取得的空前成就。第二、作者對於中共作為一個權力集團的本質具有最深切的體認；對於中共幾代的領導人也有直接或間接的認識。自一九七九年美國與大陸正式建交以來，中共便利用美國聯中抗蘇的急迫心理，用盡一切心機要把臺灣收入囊中。作者引中共內部資料與美國外交人員回憶錄互相印證，對這一點極有澄清之功。第三、本書處處都流露出作者對臺灣安危的憂慮。他很怕美國政府受利益集團的包圍，最後以臺灣為代價，換取中共的「合作」；他更擔心臺灣出現「親共」的勢力，裏應外合，斷送了一個剛剛開始茁壯的民主社會。這一論點貫穿全書，可以說是一條主線。讀者必須從這一特殊的角度去理解作者的用心。

我已多年不寫有關時事的文字，現在也不想破戒。但是對於海峽兩岸局勢的演變，我仍然一直在注視之中。下面我願意極其簡略地提出幾點觀察，以供參考。為了與本書論旨相輔相成，我的觀察完全從現實出發，不涉理想的層面。

民主制度的建立是臺灣安全的最大保障。臺灣人民能通過普選來決定自己的命運，基本上決定了在可見的將來，兩岸之間的關係仍然祇能維持現狀。什麼叫做「現狀」呢？一句話，大陸存在著一個「中華人民共和國」，而臺灣則存在著一個「中華民國」，雙方都堅稱自己是「獨立的國家」。這個「現狀」始於一九四九年十月一日，至今依然未變。「維護中華民國的獨立主權」是國民黨的一貫立場，過去執政時期固然如此，現在雖已在野，也並未宣布放棄這個立場。民進黨內明顯地具有建立「臺灣共和國」的主張與傾向，然而執政六年還是依托在「中華民國」的名號與憲法架構之下，沒有突破性的舉動。這種情勢似乎反映一個基本事實：臺灣民意的主流是「維持現狀」，以致兩黨都不能採取偏離民意太遠的政策。一般地說，普通人民大致都希望過一種自由自在、免於匱乏的正常生活，要求他們在政治上走向極端是不大可能的。所以支持所謂「藍營」的選民也許期望兩岸關係趨向和緩，以至進行經濟、文化的交流，但是如果中共堅持香港式的「一國兩制」，要求他們拋棄現有的民主、自由的生活方式，接受中共直接或間接的統治，我想他們之中的絕大多數是會斷然拒絕的。去年（二〇〇五）十二月，香港居民二十多萬人上街爭取「普選」便是一個眼前的例子。對比之下，臺灣居民已正式取得自作主宰的權利，依普遍人性作判斷，他們不可能不珍惜這個基本權利。同樣的，支持所謂「綠營」的選民也許十分重視臺灣的主體性、獨立性，但是如果期待他們都情願將身家性命為賭注，在政治上作孤注一擲，恐怕也超出了常情。

總之，據我個人的觀察，臺灣至少有半數以上的人是傾向於維持現狀的。通過投票，他們是決定臺灣何去何從的最後力量。所以我說，民主是臺灣安全的最大的保障。

臺灣之所以有安危的問題，其根源當然是大陸的中共政權。自尼克遜與中共簽訂《上海公報》以來，中共方面便堅持臺灣是中華人民共和國的領土，必須收回。共方雖向美國承諾儘量以和平的方式「統一臺灣」，但始終不肯放鬆「用武力」的一條尾巴。我們都知道，在季辛吉 (Henry Kissinger) 與中共談判中，共方一再強調決不能容忍「兩個中國」或「一中一臺」的公式：前者指「中華民國」與「中華人民共和國」的並存，後者則指臺灣的「獨立運動」。我們也都知道，後來中共在香港實行的所謂「一國兩制」，便是為了引誘臺灣人入彀而特別設計的。到目前為止「一國兩制」仍然是中共的唯一的「統一」綱領，臺灣如果想與大陸和平共存，首先必須交出「主權」。

中共究竟會不會對臺灣動武呢？這個問題沒有人能夠答覆，包括中共的最高領袖在內。

大陸這幾年來在經濟上的快速成長，似乎已成為僅次於美國的另一超級大國。專制政權的武力加上經濟勢力，這是名副其實的「如虎添翼」。一九八九年「六四」屠殺以後，臺灣和香港的商人乘虛而入，大量投資，是大陸經濟起飛的始點，使一度搖搖欲墜的大陸企業界緩過氣來。今天臺灣的經濟已牢牢被吸在大陸這塊碩大無朋的磁盤之上，恐怕再也不能自拔了。正因如此，這幾年來中共在「統一臺灣」的策略上也相應而有所調整。在威脅與利誘雙管齊下之外，中共似乎正在有計劃地通過文化與政治的方式在臺灣進行全方位的「統戰」，以期收到徹底分化與瓦解臺灣心防的效果。不戰而屈人自然是最上乘的策略。

但是經濟發展也給中共製造了巨大的政治與社會危機。中共的專政機器最近雖有越絞越緊的明顯傾向，如暴力鎮壓農民的集體抗爭，查封或改組真實報導的報刊、嚴密監控網路等等，然而由國際投資所帶來的暴富也對專政機器起著全面的腐蝕作用。首先是這架機器的操作者——整個幹部系統——從中央到地方，從高層到低層，已深陷在貪污與腐敗的泥淖之中。幹部中有操守的人，由於妨礙了貪贓枉法者的利益，在這個系統中往往無法存身。專政機器本身的腐蝕不可能不影響到它的控制能力，社會秩序已很難有效地維持了。

其次，暴富並沒有為正常的中產階級催生，也沒有形成多元社會，然而確使大陸複雜化了。貧富的兩極化已到了令人瞠目結舌的地步。鄧小平「讓一部分人先富起來」是中共這十幾年來的最高指導原則；這些「先富起來」的人都集中在沿海各大城市，其中極大多數的巨富都是所謂高幹的子女、親戚、故舊之類。在「黨天下」統治之下，資源完全控制在各層級的「黨書記」手上，毫無憑藉而白手起家的，祇能是少數例外的奇蹟。此外，中富、下富之流大致也無不具有中幹、下幹的背景。即使外商去大陸投資，也必須先與當地掌權幹部建立良好的關係。一般而言，這種關係是建立在「賄賂」的基礎之上，美國報紙已一再討論美商在華公司的「賄賂」是否合法的問題。臺商在大陸者有百萬人以上，他們如果肯說真話，這是不難求證的。這一畸形的市場體制必然導致財富分配的極端不均，不僅個人與個人之間如此，城鄉之間與沿海地區與內陸地區之間更普遍地如此。今天大陸上各大城市都十分繁華，顯得活力無窮。偶而到這些大城市作短期逗留的訪客或遊客，幾乎眾口一辭地驚羨不置，這是因為整個社會結構底層的亂源永遠在他們的視線之外。

說到亂源，我必須提一提大陸各地村民的集體抗爭。這種抗爭越來越多，也愈演愈烈，近一、兩年在全國範圍內每年不下六、七萬起。去年（二〇〇五）十二月初廣東汕尾市武警用機關槍掃射抗爭村民，更是震動世界的事件。我在東京機場已讀到日本各大報的記載，回到美國後又在報紙和電視上一再看到更詳細的報導。官方僅承認打死三人，但村民則堅稱死亡在二、三十人以上。死亡人數姑且不論，國外新聞評論都強調：這是「六四」天安門屠殺之續。這才是關鍵所在。一般而言，農民集體抗爭集中在兩個主要問題上面，一是環境污染，二是耕地權被剝奪而得不到應有的補償。總之，其根源都在不顧農民死活的經濟發展。結果造成一億左右城市居民「富起來」而八億農民則日益貧困。再加上下崗工人越來越多（最近《紐約時報》指出：這一年來從破產國營企業下崗的工人有六千萬以上，而外資企業所能吸收的工人則祇有一千六百萬），和上億的民工受盡地方政府和資本家的剝削，大陸的社會動盪真令人處處觸目驚心。這不是中共「和諧社會」的空論能夠化解得了的。

農民之所以採取集體抗爭的方式是「官逼民反」的結果。他們受了官商勾結的欺壓之後，投訴無門。司法完全是地方黨政人員的工具，民告官的案子一概不予受理。他們曾一度寄望於黨中央為他們作主，因此而出現了所謂「上訪」的現象。據說北京的「上訪村」

有過幾十萬人的盛況。但「上訪」的案子太多，中央無法應付，仍然退回原地方處理，其結果不問可知。這是農村普遍不安的主要原因。北京政權已察覺到這一形勢的嚴重性。去年年底，汕尾屠殺之後，溫家寶在黨內集會上特別警告「在土地問題上決不能犯歷史的錯誤」。他直率地指出：「在有些地區，非法奪取農地而不予合理的賠償激起了抗爭。這是農村，甚至整個社會不安定的一個主要根源。」（見《紐約時報》二〇〇六年一月二十一日A3）可見胡、溫上臺後所宣揚的「縮小貧富距離」政策，並未生效。過去兩年中共廢除了農民的糧稅，可以說是一項「德政」。但溫家寶又說，這一「德政」也有落空的危險，因為地方官員又以其他「名目」向農民徵收苛捐雜稅。我們早就知道今天大陸的各級政府普遍流行著「上有政策，下有對策」的風氣，中央政令未必能出北京城，上級決定也不見得能為下級所奉行。現在溫家寶的講話則完全證實了這一點。

中共上層也面臨一場極大的隱患：第三、第四代接班人都是鄧小平指定的，因而平穩渡過。但第五代接班轉眼即至，逐鹿者必須及早布置，新一輪的權力鬥爭已呈山雨欲來之勢。所以專就大陸內部的問題說，中共的危機感已十分緊迫，「統一臺灣」是不是在它的議事日程中排得上第一優先的位置，至少是值得懷疑的。

最後，美國與海峽兩岸之間的關係也不能不略交代幾句。作者在全書終結處表示了一個願望：美國現任總統小布希訪問臺灣，向爭取自由最有成績的人民致敬。我很理解他的想法，但是從政治現實的角度看，我認為這個願望是不可能實現的。美國對大陸和臺灣的關係也祇能維持現狀；這個現狀則早已由《上海公報》和《臺灣關係法》規定了下來，暫時還看不見任何轉變的跡象。在過去幾任美國總統之中，祇有雷根是唯一對臺灣有個人同情的人。他在一九八〇年競選時提出與中華民國恢復正式邦交的主張，一時使鄧小平甚為緊張。雷根本人的傾向確是如此，並非政治說詞。但是他入主白宮之後，受到國會以及國務院的牽制，最後還是不得不放棄這個想法。小布希對臺灣民主成就的讚揚也是真誠的，但他陷在反恐戰爭之中，又為伊朗、北韓的原子彈問題所困擾，處處需要中共的「合作」；加上美國企業界在大陸投資既廣且深，他已不可能作出任何驚人的舉動。

但是今天已和柯林頓時代不同，美國朝野不再一味討好中共，視臺灣如敝屣。這是因為中共這兩年來在國際上到處張牙舞爪，一方面爭取與一切反美力量結盟，明擺出一副爭霸的姿態，另一方面又去各地搶奪油源，大有在經濟上與美國一較高下之勢。美國人嘴上不說，但一切都看在眼裡。所以「中國威脅論」的興起不是偶然的，也不會很快地消失。在這一新形勢下，美國必須在兩岸之間維持一種微妙而機動的均衡。所以「維持現狀」最符合美國當前的利益。但「現狀」不是僵死的，其中大有活動的餘地。《上海公報》和《臺灣關係法》兩個文件也有如何解釋、如何執行的問題，一切將視局勢的推移而動。

總結地說，臺灣、大陸、美國之間基本上存在著一種均衡的關係；祇有三方都維持現狀才能穩定這一均衡，任何一方有意外的舉動，均衡便打破了。

臺灣的安危最後祇能靠自身的努力來決定。臺灣雖然不能不爭取美國的支持，但決不可存一切依靠美國之念。我已指出，民主制度是臺灣安全的最大保障。然而我也要指出，這個制度目前尚未達成熟之境，在與民主相偕而來的文化品質方面，尤待提升。這也許是最近將來，臺灣應該努力的主要方向。

二〇〇六年一月二十二日

（阮銘《歷史的錯誤：臺美中關係探源》，臺北，遠流，二〇〇六）

陳彥《中國之覺醒——文革後中國思想演變歷程》序

——經濟放鬆與政治加緊：試說「黨天下」的解體過程

陳彥先生《中國之覺醒》原是以法文撰寫的，追溯一九七六至二〇〇二年中國大陸的思想變遷，自二〇〇二年在巴黎刊行以來，很受法國和歐洲學術界的重視。現在漢譯本面世，必將為海內外漢文讀者所歡迎，這是可以預卜的。

全書以年代為經、以思想動態與論題為緯，對大陸知識界在這一大動盪時期的心路歷程作了一次有系統的整理。這一歷程迂迴而曲折，極其複雜。但作者執簡馭繁，通過歷史的線索，從大量的第一手證據中建構了一個層次分明的客觀敘事。這是作者的重要貢獻。

汪德邁教授(Professor Léon Vandermeersch)在法文本〈序〉中指出：作者之所以能寫出這樣一部出色的專著，是和他的特殊學歷與經歷分不開的。首先，作者先後在武漢大學和巴黎索邦大學研究歷史，一九八七年完成博士學位，兼攬中、法史學之長。其次，他畢業後投身新聞傳播界，對中國事務有卓越的觀察。我完全同意汪德邁的看法，但願意略略引申幾句。

作者的中國背景自始便使他成為這一場思想大變動的內在參與者。上世紀八十年代初到法國以後，他繼續與大陸知識界保持著密切的聯繫，關懷著思想的動向：從一九八九年「六四」到今天，他仍然和海外的中國「異議人士」與在大陸「活躍的知識分子」接觸不斷（見本書〈前言〉）。因此作者對這二、三十年大陸思想脈搏一直把捏得十分準確，甚至可以說是與之共同躍動。內在參與者雖有同情的瞭解和直覺，為外人所不及，不過若僅憑這一優勢來寫親身經歷的事變，則往往由於情感激盪和希望投射之故，反而不能凸顯出史事真相。梁啟超的《戊戌政變記》便不免偶有失實之處。這是蘇東坡所謂「不識廬山真面目，只緣身在此山中」。但作者旅居巴黎，受法國史學的訓練，則為他開闢了一個外在觀察的角度。作者在〈前言〉中說，他本來可以用漢文寫這本書，因為他曾親自參加過書中所記述的許多論辯。但最後他決定用法文作為表達的工具，主要是為了「保持一種地理與文化上的觀賞距離」。本書之所以能達到客觀而冷靜的敘事境界，不能不歸功於這一自覺的「觀賞距離」。所以本書是「內在參與」和「外在觀察」合而為一的結晶，用中國傳統的觀念說，一方面「得其環中」，另一方面又「超以象外」。

作者畢業後先後在中國與法國從事研究工作，即使後來進入新聞界，也仍繼續致力於中國當代的歷史研究。專門採訪文化與思想動態的新聞記者不但要隨時隨地注視觀念與意識形態的變動，而且還必須深入其興衰的生活背景，因為觀念或意識形態與其所寄託的政治、文化、社會、經濟生活是息息相關的。在這一方面，新聞記者比純學院式的史學家佔有很大的優勢，因此往往能寫出生動的思想史。最近的例子是英國名記者華特生的《現代心靈——二十世紀知識思想史》(Peter Watson, *The Modern Mind: An Intellectual History of the 20th Century*, 2000)，這部費時十年、長達八百多頁的大書，便起源於華特生在上世紀八十年代到哈佛大學訪問哲學大師蒯因 (W. V. O. Quine, 1908–2000)。此書自刊行以來，不但在一般讀者中流行很廣，而且也受到學術界的推許。《中國之覺醒》雖僅限於在中國大陸過去二、三十年的思想變遷，但在結構與敘事風格方面與華氏之作卻很相近。也許正因如此，我才特別覺得此書引人入勝。

在閱讀過程中，本書觸發了我的一段回憶，並因回憶而引起一番歷史的反思。我希望對二十八年來中國大陸的巨變清理出一條整體瞭解的歷史線索，以下便是我的回憶和反思，寫出來就正於本書的作者和讀者。

一九七八年十月十六日至十一月十七日，美國通過「美中學術交流會」和「國家科學院」兩個機構，組成了一個「漢代研究代表團」到大陸去考察考古遺址，我也參加了這一訪問團體。這是我在一九五〇以後第一次回到大陸，也是唯一的一次。但是湊巧得很，此行恰恰趕上了本書敘事的開端。返美之後，我向「美中學術交流會」寫了一篇關於此行的正式報告。我在報告中開宗明義地指出：

在我們代表團訪問期間，中國正經歷著一場巨大的思想變革，一場統稱為「思想解放」的變革，它的正式名稱是「貫徹執行雙百方針（百花齊放，百家爭鳴）」。至少對中國而言，在我們所訪問的各個地方，尤其是在北京，思想界的氣氛應該是異常寬鬆。我無拘無束地和中國學者談到胡適、錢穆以及其他海外學術界的人物，沒有感到對方有任何不自在或尷尬。我也有機會和一些中學生聊天，他們提出了自己對所謂的「文化大革命」和「偉大舵手」的批評意見。這令人想起一九七八年十一月中旬爆發的民主牆運動，它剛好發生在我們離開中國後。回想起來，正值中國步入正確軌道之時，我們訪問了這個偉大的國家，這的確是很幸運的。（見李彤譯〈十字路口的中國史學〉，收在何俊編《余英時英文論著漢譯集》，上海古籍，二〇〇四，頁一）

這些話是在我訪問大陸兩、三個月之後說的。讀者不難察覺到：我當時親歷這一思想變革的發動，心情是很興奮而又寄以期待的。我不是預言家，自然無法預見後來的種種變化。但是僅從古代史研究領域的動向著眼，我已斷定「潘多拉的盒子已經打開」（同上，頁八），再也關不上了。

我之所以作此斷定當然不是從官式訪問和談話中得來的。我有其他美國團員所不具備的特殊條件。首先是我的家人親戚仍住在一九四九年底我離別的北京舊居中。我曾三次回舊居和他們暢敘。這所破舊的房子在文革後已塞進了十二戶。我的家人雖是業主，卻祇能擠在一間最小的房間裏。但我回舊居也引起了所有鄰居的好奇，先後來和我交談。因此我對三十年的極權統治，特別是文革的實況，獲得了不少第一手的知識。其次，作為一個華裔訪客，我也另有觀察的管道，在其他團員的視野之外。下面我祇講三個小故事：第一是在洛陽賓館，我清晨出外散步，一位服務的青年走過來攀談，問我大陸以外世界的狀況，如香港、臺灣、美國等等。我忽然看見賓館旁邊一條街牌，寫著「東方紅街」的名稱，我問他這條街名是什麼時候開始的。話題這樣一轉，他竟滔滔不絕地傾吐「文革」時期的苦水。最後他對上海和香港加以比較，大意是說：過去上海的繁榮遠在香港之上，今天竟天懸地隔了。說到這裏，他流下了兩行清淚。他是一個中學畢業不久的少年，而憂國之念已如此之深。我當時深受感動，但無言可以寬解他。第二是我在西安未央宮遺址的一個意外發現。遺址祇剩下一個土臺，其實沒有什麼可看的。我獨自走下遺址後面的斜坡，看見滿地都是糞便，似乎已變成一個公共廁所了。正待轉身，忽然發現了多處用的手紙是印刷品的散頁，我的當下反應是早年深入腦海的「敬惜字紙」那句老話，萬萬想不到現代中國人竟褻瀆文字，至於此極。但在我辨清了上面文字的那一霎間，我真的驚得呆了！原來這些散頁都是從文革時期的「紅寶書」——《毛主席語錄》上撕下來的。這一偶然的發現使我震動不已。至於這個詭異的現象究竟說明什麼問題，我想我已毋須再多說一個字了。

第三件事發生在成都，十一月八日我們訪問四川大學，在集會中初次見到繆彥威（鉞）教授。他是我的業師楊聯陞先生的內兄，我早就決定到成都後要去拜謁的一位老前輩了。所以會後我立即向校方提出我的要求。校方說，他們可以安排彥老到賓館中和我會談。我堅持不可，因為照中國的禮節，我是後輩且為行客，斷無驚動一位七十八歲老人來訪我之理。校方的負責人倒是很爽快，略作考慮後，答應次日晚間送我去奉訪，當天則已來不及安排了。第二天晚上校方果然如約送我去繆府，並且讓我和彥老有單獨長談的機會。但是我當時竟完全沒有料到，川大當局居然能趕在二十四小時之內把彥老一家遷進一套比較寬敞的宿舍，在北京時，接待人送我回舊居探親前告訴我：他們現在不再弄虛做假，所以讓我看到舊居的原樣。大概彥老原來的居處根本無法接待訪客，因此才不得不有此舉。這件事是我回美很久以後才從楊聯陞師那裏間接聽到的，我當然很高興能在無意之間幫彥老改善了生活條件。但彥老在同年十一月十五日寫信給國內親戚，便已報告了這一好消息。原信有關的幾句如下：

日前余英時先生來蓉，九日晚，到我家中看望……晤談三小時，甚為契合……。因為余先生來訪，川大很快的給我調整了住房，並布置樓下那一個大間作為接待室。（見蔣力編《哈佛遺墨——楊聯陞詩文簡》，北京，商務，二〇〇四，頁三六八）

但是我敘述這個故事的重點並不在調整住房的趣聞，雖然這也是統治性質的一種折射。我想強調的是在這「晤談三小時」中，我親切地體會了這三十年中高層知識界的遭遇，必須說明，彥老是一位平和謙慎的純學人，既無片言臧否人物，更無隻語評論政事，在這次長談中，我除了向他請教文史之學外，談鋒自然不免轉入幾十年來大陸學術研究的轉變和一些著名學人的命運。彥老僅心平氣和地描述具體事實，不作激憤語。但知識人普遍受輕賤的真相則在事實中已顯露無遺。我問他：文革時期流行的「臭老九」一詞究竟與元朝「九儒、十丐」的戲語有沒有關聯（見《謝枋得文集》及鄭所南《心史》）？他也不能確定。不過他補充一句，六朝人論九品中正，有「上品無寒門，下品無世族」之說，今天則是完全顛倒過來了。

這些話今天聽起來真是平淡無奇，甚至過於輕描淡寫，但二十八年前海內外的政治宣傳仍在強調中共「知識分子改造」的政策儘管執行中偶有偏差，基本上是相當成功的。我雖然一貫持懷疑的態度，然而從來沒有機會向身在大陸的學人直接求證。因此我隨時警惕自己，不可以個人的主觀傾向抹殺客觀事實。我在北京舊居聽到的祇限於一般社會狀況，與彥老一夕長談則讓我進入了知識人的內心世界，再加上前面講的兩個小故事，我自覺第一次對於一九四九年以後「黨天下」的實際運作及其後果有了比較真切的整體認識。但這是我個人的一點副收穫，與漢代研究代表團的任務無關，自然不能寫進報告之中。

在代表團啟程返美的前夕，我已確切認識到，這次所謂「思想解放」與五十年代的「百花齊放、百家爭鳴」截然不同，中共一「放」之後便再也不能「收」了。這不但是因為我在北京親見中共內部的主流明顯地傾向於「放」一邊，而且在各地訪問中也看到民間上上下下都有一股求「放」的衝力，沛然莫之能禦。至於「放」究竟能達到什麼程度以及採取什麼方式，我當時則無從預測。回到美國以後，我天天注視大陸的動態，北京「民主牆」的出現完全印證了我關於民間要求「放」的觀察。我知道一場巨大而不能逆轉的變革已經來臨，所以在報告書中特別提到了「民主牆」的運動。

結合著這部《中國之覺醒》的大敘事，讓我以二十八年後的理解，試說這一巨變的性質。但限於時間和篇幅，我祇說簡單的綱要，不涉細節，因為本書已提供了足夠的事實，讀者可以自行檢證。我很同意本書〈前言〉中關於「今日中國仍是一個極權主義國家」的提法，雖然，正如作者所指出的，「這個國家在經濟上成為一個混合體，政治上步上權威主義的道路」。不過我在下面將用儲安平的「黨天下」代替「極權主義」，因為這個漢文描述詞更傳神、更生動。

經過多年的觀察，我現在斷定一九七八年所開始的巨變是「黨天下」解體的發端。這是一個長期的歷史過程，現在距離過程的終結還有一段時間。為了說明這一論斷，我必須從兩個不同的方面作一點分析：第一是「黨」的一邊，第二是知識人的一方面。

從「黨」一方面說，它的唯一關懷必然是如何讓「黨天下」永恆化，一世、二世，傳之萬世，因此不可能發生什麼「解體」的問題。但「黨外無黨」，「黨內」必然「有派」，此起彼落的「路線鬥爭」即是明證。一九七八年正逢「黨」面臨著一次最嚴重的分裂危機：以華國鋒為首的「凡是派」雖然不得不宣告「文化大革命」結束，但仍然肯定了它；他們奉毛澤東「階級鬥爭為綱」的路線為正統。以鄧小平為首的「實踐派」（「實踐檢驗真理」）則是「黨內」的文革最大受害者，非徹底否定文革便無從奪回已失的權位。同時，鑑於毛澤東領導時期所引出的一系列的災難，特別是「大躍進」與「文化大革命」，他們已深切認識到，如果「黨」的路線不作大幅度的調整，則「黨天下」即將面臨崩潰的危機。這是他們後來正式揭櫫「改革」旗號的主要原因，鄧小平也因此獲得「改革總設計師」的尊號，「改革」原指「路線」的「改變」或「革新」，但落在實踐層面則不可避免地牽動到原有「黨天下」體制（或結構）的內在調整。所以「改革」很快地便引出「體制改革」的觀念。「改革」是一個意義含混的概念，我們必須進一步對它的具體內涵加以界定。從當時開始流行的「經濟體制」和「政治體制」兩個名詞來看，「改革派」顯然主張同時在經濟與政治兩大領域中進行體制的調整。鄧小平一度也曾認同趙紫陽的看法，即經濟體制的改革最後不可能不波及政治體制。關於這一點，後文再作分析。但他畢竟對於權力世界有敏銳的直感，很快便領悟到：經濟體制可以改革，政治體制則因關繫著「黨天下」的權力基礎，決不能輕舉妄動。一九七九年三月鄧小平毅然宣布「堅持四項原則」，不但切斷了政治改革之路，而且也表明了在政治上即將收緊的意向。後來封閉「民主牆」、「反對精神污染」、「反對資產階級自由化」以至「六四」屠殺等等都已在此時埋下了伏筆。所以一九八九年以來我一直斷定中共官方所謂「改革」必須理解為「經濟放鬆，政治加緊」八個大字。這才是「改革總設計師」的整體構想，體現了當時「黨」內當權派的集體意志：他們深信祇有在這一新的最高綱領的指導之下，「黨天下」才能重新鞏固起來，二世、三世，傳之無窮。

我們必須緊緊抓住這八個字的綱領，然後才能看清近三十年來大陸局勢的推移。本書的敘事劃分為兩個階段，以一九八九年天安門屠殺為界線。這自然是一個順理成章的歷史分期。但略作回顧便可發現：天安門鎮壓是「政治加緊」的全幅呈露，終結了第一階段：

一九九二年鄧小平「南巡」，正式吹響「讓一部分人先富起來」的號角，則是「經濟放鬆」從量變到質變的關鍵時刻，由此走上了第二階段。今天「經濟放鬆」和「政治加緊」已成為「黨天下」的賞、罰二柄：「順我者昌」，可以「先富起來」；「逆我者亡」，或禁或囚或死。總之，一九七八年以鄧小平為首的當權派雖不得不借「體制改革」以重建政權的合法性，卻自始便以維護「黨天下」為第一大事。因此他們在「政治加緊」的大前提下拋出了「經濟放鬆」的險棋，以化解「黨天下」解體的絕大危機。但「黨天下」解體，轉入法治、人權、民主、自由的文明主流，是一個無法避開的歷史過程。事實上，「經濟放鬆」已跨出了解體的第一步；祇是由於缺乏政治改革的配套，才造成了貧富兩極化和腐敗普遍化的嚴重後果。無法無天的「經濟放鬆」最後導致大規模的工人下崗、農民耕作地被掠奪和環境污染。集體抗爭的事件因此層出不窮而愈演愈烈，面對著民憤沸騰，遵守職業倫理的傳媒界人士自然也忍無可忍；他們奮不顧身地揭露和批評其中一些最觸目驚心的亂象。這樣一來，「一波纔動萬波隨」，經濟領域的變動很快便擴散到政治、社會的領域之中，為了保衛「黨天下」，中共則祭起「政治加緊」的最後法寶：一方面用暴力鎮壓民間的集體抗爭，另一方面則通過封報刊、禁網路、囚報人等等高壓手段，扼殺最後一絲的言論自由。這是一幅「經濟放鬆」與「政治加緊」之間惡性互動的圖像，最近兩三年來正在加速度地展現在我們的眼前。「黨天下」的解體從來沒有停止過，但是卻被逼上了一條最險惡的解體之路。

現在我要從知識人一方面分析一下「黨天下」解體的歷史趨向。為什麼單單提出「知識人」這一群體來和「黨」相對照呢？我們都知道，毛時代的「黨天下」是極權體制的原型，不但「知識人」不成其為一群體，而且，嚴格地說，也根本沒有所謂「社會」，一切都被「黨」吞噬得乾乾淨淨。但一九七八年，整個情況發生了很大的變化。第一、鄧小平復出後所掌握的「黨」迫切需要大批知識人為它工作，其中最重要的一項任務便是重建意識形態，作為全面取代「凡是派」領導權的「理論」根據。第二、從「反右」到「文革」時期的老、中、青三代知識人差不多都獲得了「平反」或「解放」，開始在思想上和政治上活躍起來了。這一幕也正是我在訪問期間親眼見到的。所以當時確實存在着一個與「黨」分庭抗禮但又密切互動的知識人群體。不但如此，由於這些知識人自「反右」以來便被放逐到社會的最底層，「文革」時期更有一千三百萬的「知青」下放到各地農村，他們對「黨天下」的民間疾苦有親切的體驗。因此，他們的聲音在很大的程度上也代表了多數平民的訴求。

我雖用了「知識人群體」這一概念，但並不是說，當時知識人都具有一種「群體」的認同與自覺；更不是說，這一「群體」已形成了任何共同的思想傾向和行動綱領。事實上，這一群體僅僅建立在兩個共同點之上：第一、他們都要求從「黨天下」的桎梏中解放出來；第二、他們對於毛時代「黨天下」體制的批判遠遠超過「黨」內改革派的極限。除了這兩點外，這一群體內部的分歧是非常複雜的，其間有體制內與體制外知識人之別，也有不同年齡層之異等等，不勝枚舉。但這些內部分歧與這裏的主要論旨無大關係，不必深究。我們祇需瞭解所謂「知識人群體」並非鐵板一塊便夠了。

我現在要強調的是知識人與「黨天下」解體之間的關係。據我的觀察，他們是「黨天下」解體的主要動力。這可以分別從「經濟改革」和「政治改革」兩方面略作說明。

正如本書第三章第二節所揭示，一九七七年鄧小平的新權力中心開始整頓經濟時，走的仍是「計劃經濟」的回頭路。由於調整徹底失敗，「黨」內改革派才有機會在趙紫陽主持下全面發展了私有企業和農村的「包產到戶」；這是以市場經濟突破「黨天下」羅網的開端。趙紫陽信任專家，集思廣益，因此讓深入民間而又具有專業訓練的知識人，在經濟體制改革的運作中充分發揮了創造的功能。這裏還必須指出另一重要的事實，即絕大多數老百姓，特別是農民，當時已提出了在經濟上自作主宰的明確要求，「包產到戶」制的起源便是顯例。這個實驗始於趙紫陽治下的四川和萬里治下的安徽，但退出集體化，自由耕作，最初出於農民的主動請求。他們簽字保證：在分得耕地後，每戶都完成全年的上交和公糧，否則願意接受任何嚴厲的懲罰。這個例子最能說明：農民求生的基本慾望才是引發經濟改革的最後原動力。「黨」內真正的改革派知趙、萬等人認識到問題的嚴重性，深知非把自由還給農民，農村經濟勢必破產，「黨」也祇有與之偕亡。他們最後才推出了一個所謂「家庭聯產承包責任制」（即「包產到戶」的正式名稱）。從這個複雜名稱，我們便可以斷定，這是他們與知識人共同設計出來的。

「政治改革」則是直接由知識人發動的，但仍然反映了民間對於重建一個公平合理的社會秩序的普遍願望。這裏讓我對一九七九年「理論工作務虛會」和「民主牆運動」作一極簡要的對比，以闡明我的主要論點。

「理論工作務虛會」是一九七九年一月到三月在北京召開的，由胡耀邦主持，其目的在重建一套意識形態，為鄧小平的新路線提供正當性。但在同一期間，北京西單的「民主牆」運動也十分活躍，這兩件事本書都有論述，這裏衹分析它們在「黨天下」解體過程中的歷史作用。

首先，我要指出：「務虛」會議和「民主牆」雖然同時集結了兩群知識人，他們之間至少有兩點基本區別：第一、「務虛」會議的參與者都是「黨」內或體制內的知識人，而「民主牆」運動的參與者則是體制外的知識人，用共產黨的名詞說，即所謂「群眾」。第二、前者主要是中年以至老年人，後者則是青年人，兩者之間存在著世代的差異。由於這兩點區別，他們所發揮的功能也不一樣。「務虛」會議的參與者承擔了「黨」交給他們的任務，其正面成就是確立了「實踐是檢驗真理的唯一標準」為意識形態的新正統。這是「白貓黑貓論」的理論化妝，對於鄧小平的領導權自是十分重要，但從「思想解放」的角度說，則沒有持久的意義。與之相對照，「民主牆」運動的參與者卻不受「黨」的限制；他們身在民間，與深受「黨天下」蹂躪的小民之間是起著共鳴的。他們在「民主牆」上關於民主、自由的強烈要求，是緊接著大批文革受害者的冤情陳訴而提出的。這一簡單的事實特別值得重視。以「思想解放」和「衝破禁區」而言，「民主牆」的青年知識人顯然是當時的急先鋒，無論是否定文革、批判「一黨專政」，或重新評價毛澤東的功過，「民主牆」都比「務虛」會議先走一步。事實上，在會議期間，與會者到「民主牆」去觀測民意的，必然大有其人。這兩組知識人雖然性質不同，但在這一關鍵時刻他們的政治取向是重疊的。

關於參加「務虛」會議的知識人，我們還必須從「政治改革」的角度認識他們的功能。「民主牆」運動是衝擊「黨天下」體制的民間原動力，這一點是可以肯定的。但是如果沒有「黨」內知識人的大聲疾呼，「民主牆」的巨大衝力便不可能凝聚成「政治改革」的普遍意識，並發生持久而深遠的影響。「務虛」會議的參與者雖是「黨內」知識人，但其中也有不少成員並未站在「黨」的立場上發言；相反地，他們反而與「民主牆」上的議論此唱彼和。本書特別介紹了李洪林、蘇紹智、胡績偉、嚴家其幾位與會者在「突破思想禁區」方面的貢獻。這是很好的例證，恰可說明當時「體制」內外兩股思潮的匯流。這幾位「務虛」會議參與者由於思想越來越「解放」的關係，最後竟從「黨內」異化為「黨外」，這是我們都知道的事實。但在一九七九年時，他們的「黨內」（或「體制內」）身分卻對「政治改革」意識的展開發生了護航的重要作用，這可以說是一種「歷史的狡詐」。

如果以上的分析大致不誤，「政治改革」和「經濟改革」一樣，它的主要動力也是知識人，特別是「體制外」的知識人。但是我們在這裏立即遇到一個重大的問題：依照一般的理解，「政治改革」也是由鄧小平最先提出並且在胡耀邦、趙紫陽輔助下積極部署的，怎麼可以說知識人是它的原動力呢？這個問題必須加以澄清。

整個問題的關鍵便在於「政治改革」是一個模糊的概念，幾乎每一個人都可以有不同的理解。大致上說，我們都知道「政治改革」有「體制外」與「體制內」的基本分野。「體制外」的「政治改革」是「五四」以來知識界所共同肯定的民主政治；「體制內」則主張在「四項堅持」的大前提下對現行的黨、政體制進行大規模的「改革」。但是這一簡化的二分法並不足以說明從一九七九到一九八九這十年中，環繞著「改革」而發生的一切變動。

這是因為「體制內」的「政治改革」存在著三種分歧，而分析到最後，內在分歧才是導向「六四」屠殺的終極根源。這個問題十分複雜，我不可能在此充分展開論證。下面祇勾勒一個最簡單的輪廓。

所謂「體制內」關於「政治改革」的三種不同構想可以分為三派：一、以鄧小平為代表的黨內元老派（包括陳雲、薄一波、李先念等）；二、以胡耀邦、趙紫陽為首的黨內第二代改革派；三、積極支持胡、趙的黨內知識人。大體上說，元老派的「政治改革」以加強「黨天下」的統治能力為其最主要的目的，因此所謂「改革」僅限於統治機器內部調整，其中決無開放政權、與民共之的動機。關於這一點，下面再作進一步的分析。黨內知識人的立場則與元老派恰恰相反，在思想上是和體制外知識人互通聲息的。他們一方面必須在「黨」所劃定的範圍內設計「改革」方案，但另一方面卻儘可能地試圖突破「黨天下」的藩籬。改革派領袖胡、趙兩人則處在以上的兩極之間。作為第一線的領導人，他們當然也把「黨」的利益放在第一位。但是由於他們所擁有的領導權力直接來自以鄧小平為首的元老派，以致職權的行使隨時隨地都受到牽制，他們對於黨內民主和制度化（包括退休）問題自然特別敏感。因此之故，體制內知識人關於民主法治的議論往往引起他們的共鳴。他們仍然接受「四項堅持」的基本原則，但其心目中的「黨天下」已放寬了一步。這一點他們在處理「精神污染」和「資產階級自由化」兩次事件上，表現得非常清楚。

現在讓我們進一步澄清所謂「政治改革」的性質。鄧小平先後兩次提出過「政治改革」的主張，一次在一九八〇年，另一次則在一九八六年。鄧在一九七八年十二月底的十一屆三中全會中取得奪權的勝利，黨內改革派知識人的輿論造勢在其中立下了很大的功勞。但鄧的勝利並沒有完成，華國鋒仍然高踞在黨主席和軍委會主席的位置上。因此他必須提出一套全新的意識形態以取代「凡是派」的「無產階級專政下繼續革命」的理論正統。正是在這一形勢的要求下，鄧才在一九八〇年八月十八日發表了〈黨和國家領導制度的改革〉的著名講話。這篇講話顯然發揮了兩重作用：第一、在「經濟改革」之外再提出「政治改革」的口號在當時是很有號召力的，尤其能獲得知識人的認同，鄧也因此而成為眾望所歸的政治中心。第二、講話中批判毛澤東晚年破壞制度，一意孤行，其絃外之音是否定華國鋒繼任黨主席的合法性。本書（第五章）指出：這個講話「是制服他的頭號對手華國鋒的最重要的武器」，確是一針見血。但鄧此時是否真有進行「政治改革」的想法則是很成問題的。四個月之後（一九八〇年十二月二十五日）他在中央工作會議上又發表了〈貫徹調整方針，保證安定團結〉的長篇講話，這時他不但完全不提「政治改革」，反而把批判「資產階級自由化」提到綱領性的高度。為了響應陳雲「緩改革，重調整」的主張，他毫不遲疑地說：

今後一段時間內，重點是要抓調整，改革要服從於調整，有利於調整，不能妨礙調整。

我們必須懂得在這次工作會議的語境中，「調整」意味著「黨天下」體制基本上持續不變，僅在內部結構上重作安排，使原有體制更為強固。「改革」則意味著新成分的引入，使原有體制或多或少地發生本質上的變化。那麼「調整」的最後目的是什麼呢？鄧說：

因此，必須加強人民民主專政的國家機器。

這真是圖窮而匕首見了。為什麼相隔僅僅四個月，他竟先後判若兩人呢？元老派中陳雲的影響固然不能排除，但決非決定性的因素，因為他是一個既有決斷又很固執的人，不會輕易為他人的意見所左右。所以我們毋寧更相信他關於「政治改革」的講話是一種權謀，為全面取代華國鋒、汪東興的政權而造勢。我們必須牢記：在中央工作會議之前，政治局於十二月五日已先通過決議，同意華辭去中央委員會主席與軍委會主席的職務，分別由胡耀邦和鄧小平接任。鄧的奪權活動終於大功告成，他已不再需要「政治改革」的口號為他造勢了。這是四個月前「政治改革」講話出於權謀的一條有力證據。而且這種權謀的運用早已先表現在他和「民主牆」的關係上面，正如本書（第二章）所指出，鄧在一九七八年十一月尾至十二月初，曾對日本、美國、法國的訪問團公開表示：應該尊重人民用大字報表達自己不滿的權利。但在十二月底十一屆三中全會肯定了他的領導權之後，次年一月中共便開始鎮壓「民主牆」的活動，三月二十九日北京市政府更下令查禁「民主牆」的大字報，並逮捕了魏京生等人。「狡兔死，走狗烹；飛鳥盡，良弓藏。」這個權力世界的古老傳統在現代「黨天下」的殘酷世界中更發揮到了極致，和其他「黨天下」的領袖一樣，鄧也視一切人為奪權的工具，上述的權謀在他不過是家常便飯而已。

其次，讓我們再看看鄧在一九八六年對於「政治改革」的構想。第二次鄧的提議是相當重要的，他指定趙紫陽主持政治改革，趙的報告也在一九八七年為中共第十三次代表大會所接受。「政治改革」於是正式提上了中共的議事日程。關於這一段經過，吳國光的《趙紫陽與政治改革》（香港，太平洋世紀研究所，一九九七），根據第一手資料，作了很翔實的記述。我在前面提到的元老派、改革派和體制內知識人之間的基本分歧，在這部書中呈現得很明確。讀者可以自行檢證，這裏便不涉及了。下面我衹根據此書的資料澄清兩個問題：第一、鄧為什麼在沉寂了六年之後，忽然又提出「政治改革」的口號？第二、他心中的「政治改革」究竟是怎樣一幅圖像？

關於第一個問題，鄧在一九八六年六月十日聽取經濟情況的匯報時說：

現在看，不搞政治體制改革不能適應形勢。改革，應該包括政治體制的改革，而且應該把它作為改革向前推進的一個標誌。

他又說：

只搞經濟體制改革，不搞政治體制改革，經濟體制改革也搞不通。

這是「政治改革」出場的最早信號。很明顯地，它是被市場經濟所遇到的重重困難逼出來的，並不是鄧已認識到政治上必須走民主開放的道路。這就引至第二個問題。一九八六年十二月三十日鄧在家中會見胡耀邦、趙紫陽、萬里等人，討論學潮與「反對資產階級自由化」的問題，同時也為「政治改革」定下了基調。下面三句話是有代表性的：

我們講民主，不能搬用資產階級的民主，不能搞三權鼎立。

反對資產階級自由化至少還要搞二十年。民主只能逐步地發展，不能搬用西方的那一套，要搬那一套，非亂不可。

搞資產階級自由化，否定黨的領導，十億人民沒有凝聚的中心，黨也就喪失了戰鬥力，那樣的黨連個群眾團體也不如了，怎麼領導人民搞建設？

可知他的「政治改革」與一般所理解民主、權力制衡等恰恰相反，其終極目的是要加強一黨專政的效力。所以他又強調：

沒有專政手段是不行的。對專政手段，不但要講，而且要使用。

一九八七年五月二十七日他讀了趙紫陽送去的政改報告初稿之後，作了如下的評論：

我們不照搬三權鼎立，你們也沒有寫要三權鼎立，但是不是也搬了一點三權鼎立？主要是保證行政機構能夠有效工作，不能過多干涉。決定了就辦，這是我們的優勢，不能放棄。不能放棄專政，不能遷就要求民主化的情緒。

> 我們要搞一個什麼樣的體制？要搞一個增加效能的體制，機構要精簡。

同年七月七日他與趙紫陽、楊尚昆等「中央五人領導小組」談話，又斬釘截鐵地說：

> 政治體制要改，旗幟要非常鮮明。既要堅持四項基本原則，又要堅持改革。

從這幾段話中，我們清楚地看到：鄧所謂「政治體制改革」不但與民主毫無實質的關聯，而且恰恰相反，其具體的涵義是加強「一黨專政」的「效能」。這和他在一九八〇年的思路是一貫而又一致的。

鄧的「政治改革」觀念得到確定的理解之後，它與改革派胡、趙等人的想法頗有距離，已是一無可否認的事實。至於知識人所嚮往、追求的「政治改革」，則更是與它背道而馳了。嚴格言之，鄧的「政治改革」其實祇能稱之為「政治調整」。上面論「經濟改革」時，我曾引過他的話：「改革要服從於調整，有利於調整，不能妨礙調整。」這句話完全適用於他在政治體制方面的基本觀點。「經濟改革必須服從於調整」是陳雲的持論，其真正涵義是要以「計劃經濟」來範圍和控制「市場經濟」，所以贏得「鳥籠經濟」的稱號，鄧的「政治改革」也可以稱之為「鳥籠政治」。「一黨專政」是「籠」，「改革」則是「鳥」，「鳥」必不能越出「籠」外。由此可見，元老派的共同立場是通過內部「調整」以維持並加強「黨天下」的體制。不過鄧在思想上畢竟比陳多「解放」了一步，在經濟領域內他最後決定讓「鳥」出「籠」。根據他的判斷，在當時的情況下，為了「黨天下」的維持與重整，「鳥籠經濟」已是一個不得不付出的代價。但另一方面，他仍然深信，「政治鳥籠」的強固化足以保證「黨天下」的安全。「政治是決定一切的」；這是斯大林主義者的共同信念，毛澤東如此，鄧小平也不是例外。

現在讓我作一簡短的總結，以結束這篇序文。

毛澤東統治下（一九四九——一九七六）的中國民眾，尤其是知識人，受盡了「黨天下」的蹂躪。一九七六年毛逝世的時候，大陸的經濟已瀕臨崩潰的邊緣，二十七年毛暴政下死於非命（包括餓死）的人不下六、七千萬，而在種種惡名下忍辱苟活的人則多得無從統計。所以在中共提出「撥亂反正」的口號之後，舉國上下無不寄望於「黨天下」體制的徹底變更。這正是一九七八年我在大陸親眼目睹的「人心思變」的一幕。我當時雖已直感巨變正在醞釀之中，但是還看不清這場巨變的趨向和性質。借助於事後的「先見之明」，今天我已能完全斷定：這是中國現代史上一個最重要的過渡時期的開端，其實質內涵可以概括為「『黨天下』的解體」。

所謂「『黨天下』的解體」，指極權體制脫胎換骨，逐步向民主法治、人權的現代文明秩序轉化。這是當時「民主牆」上所提出的要求，十分清楚。這一要求雖由青年一代知識人正式呼喚出來，但顯然表達了大多數民眾的集體願望。然而在「黨天下」體制下，一切權力都集中在「黨」內，因此體制的轉化（即「解體」）必須由「黨」本身來發動和主導。這也是當時體制內外知識人的共識。問題是：一個全權在握的「黨」為什麼要進行「轉化」呢？

但一九七八年恰好是「黨」內領導權爭奪的關鍵時刻。以鄧小平為首的「實踐派」正在全面部署，準備取代華國鋒的「凡是派」，以結束長期「無法無天」的統治。在這一部署中，他們必須爭取知識人的支持。中共的所謂「改革」政策便是這一特殊的歷史情況的矛盾產品。「改革」的原動力是來自民間的知識人，「改革」機制的啟動則掌握在「黨」的手中，二者缺一不可。

整個二十世紀八十年代一向被看作是「改革」的時期，好像「黨」內與「黨」外都在朝著同一方向努力。這是一個極大的歷史誤讀。「黨」內確實存在著一個「改革派」，以胡耀邦、趙紫陽兩人為最重要的代表。如果我在前面的分析與事實相去不遠，我們可以說：胡、趙一派並不能代表「黨天下」，因為他們在一段時期內所擁有的權力是「黨」所暫時委托的，一旦他們的「改革」超出了「黨」的劃定範圍，他們便立刻被剝奪一切權力，「黨天下」的權源牢牢地掌握在以鄧小平為首的「元老派」手中，一分鐘也沒有放鬆過。所謂「元老派」也決非指鄧小平、陳雲、李先念等幾個老人，而充分代表了「黨」作為一個統治集團的整體利益：全「黨」上下擁護「元老派」的人遠遠超過所謂「改革派」。鄧小平本質上繼承了毛澤東的絕對權力，儘管其絕對性已不免打了一點折扣。因此祇要他一變臉，「改革派」便立即煙消雲散。

鄧的「改革」，嚴格地說，祇能稱之為「調整」，其終極目的是恢復因文革而失靈的「專政」機器，使之重新強固化。他誠然也進行了一項重大的「改革」，即市場經濟的引進。前面已分析過，這是因為他判斷：如果不付出計劃經濟的代價，「黨天下」勢將難保。事實上，在經濟領域中所出現的「改革」，如「黨政分開」、「權力下放」之類仍然祇能理解為「調整」，因為這裏僅涉及權力在黨內如何重新分配的問題，完整的權力並沒有半點流出「黨」外。「改革要服從於調整，有利於調整，不能妨礙調整」；這一大原則始終在起著決定性的作用。他拋出「經濟放鬆」正是為了強化「政治加緊」的效力。至於因「經濟放鬆」而逐漸出現一個日益擴張的社會空間，使「黨天下」的天羅地網越來越難有效地籠罩，這是所謂「意想不到的後果」(unintended consequences)，他最初是無法估計得到的。

總之，一九七八年以來，中國大陸便開始步入『「黨天下」解體』的歷史過程，鄧所領導的「黨」則依靠「經濟放鬆，政治加緊」的大戰略來阻止這一不可逆轉的歷史進程。「六四」結束了第一階段，但在九十年代開始的第二階段中，「黨天下」體制仍然在同一戰略下勉強掙扎。「日暮途窮，倒行逆施」，似乎正是這一戰略在現階段的寫照。

我的歷史觀察未必中肯，但不妨大膽提出來，為陳彥先生的思想史敘事提供一個歷史背景。

二〇〇六年三月二日於普林斯頓

（陳彥《中國之覺醒——文革後中國思想演變歷程》，香港，田園，二〇〇六）

巫寧坤《一滴淚：從肅反到文革的回憶》允晨新版序

——國家不幸詩家幸

大約十年前，我便讀了《一滴淚》的英文原本 *A Single Tear*。當時感受很深，至今猶在記憶中。這是我讀到的第一部「右派分子」的自述，運用高超的文學剪裁，把二、三十年的苦難——從個人、家庭到親友——生動地勾勒了出來。作者文筆的流暢自然，顯示出他在英美文學與語言上的深厚造詣。他將三十年的坎坷人生歸結為"I came. I suffered. I survived."（「我歸來、我受難、我倖存」），尤使我為之擊節。在中國文史傳統中，這正是所謂「春秋筆法」。當然，作者的雋語是從凱撒 (Julius Caesar) 的名言："I came, saw and overcame"（拉丁原文是 veni, vidi, vici）脫化而出的，經過莎翁的引用 (*As You Like It* V.ii)，在西方早已家喻戶曉。但作者融合中西的文學修養和匠心獨運，即此可見。

這是我在未識作者之前對於《一滴淚》的認識，應該說是相當客觀的。我當時對作者Wu Ningkun的中文姓名也茫無所知，更不必說他的身世背景等等了。但在讀《一滴淚》原本時，我發生了一點懸念，使我渴想一見作者其人。什麼懸念呢？作者是應燕京大學的西語系教授趙蘿蕤電召，回到燕大任教的，而我則恰好於一九四九年秋季考入燕大歷史系二年級，讀過一學期的書，當時教我英文的便是趙教授。一學期下來，我感到她是一位既熱心又親切的老師。我記得她曾請全班同學去她家中吃過一次餃子，也見到了她的先生陳夢家。後來我的專業使我時時有機會閱讀陳夢家有關甲骨、金文、漢簡的著作，閱覽之際，我總不免懷念在她班上受教的情景。陳夢家不甘受辱而自殺後，我更想知道趙教授的處境，我曾聽說她一度陷於精神崩潰的狀態，但傳聞不詳，終成為我的一個懸念。我想《一滴淚》的作者一定會告訴我不少關於她的事情。

幾年之後，我偶然在《吳宓日記》（第九冊，頁八六、一〇八）中發現了「巫寧坤」三個字，下面註語說：「成都空軍第三路司令部翻譯。」我才確定了作者的中文姓名。但是我還是不知道他究竟是在大陸或海外，二〇〇五年十月我在華府國會圖書館讀書期間，由於高克毅先生的介紹，我才有幸與巫先生同席，這給我帶來了意外的驚喜。接談之下，我不但知道了關於趙蘿蕤老師後半生的遭遇，而且更欣幸結識了這樣一位才華洋溢而宅心仁厚的前輩作家。當天聽巫先生談論，真有「咳唾成珠玉」之感。他心直口快，表裏如一；一席話之後，我便完全懂得：他為什麼絕對逃不過毛澤東的「陽謀」了。

回到普林斯頓之後，承巫先生寄贈《一滴淚》的中文本，我才知道他在二〇〇二年曾用中文將此書重寫了一次。中文本的大綱領雖與英文本不殊，但在敘事方面則詳細多了，使中國讀者能由語境而深入情境，盡其曲折。所以從歷史的角度出發，我斷定中文本比英文原本具有更高的原料的價值。本書有五章是根據夫人李怡楷的口述而寫成，其中事實都在作者的聞見之外。作者運用「花開兩朵，各表一枝」的方式，把他全家苦難的經歷完整地呈現了出來，好像是佛經上說的「兩束蘆葦，互倚不倒」。這不但是文學的技巧，而且有象徵意義。巫先生之所以終能「倖存」下來，如果沒有夫人的全心全意的支援，是不可想像的。如果不是夫人給他寄寒衣，恐怕他在北大荒非凍死不可；如果不是夫人千里迢迢的「探監」，送食品之外更為他的病情而向原單位要求早日釋放，他也可能餓死在清河農場

（吳弘達《昨夜雨驟風狂》中所寫清河農場的情況恰可印證）。作者和夫人在二十多年受難時期，也一直是「兩束蘆葦，互倚不倒」。

但是本書的最高價值並不止於保存了一人一家「受難」的真相。更重要的，它寫出了中國知識人在歷史上最黑暗期間的「心史」。在毛澤東「乾坤獨御」的二十八年中（一九四九——一九七六），老、中、青三代知識人都在煉獄中受煎熬。大致說來，中共政權成立之初，五六十歲的屬於老一代，三四十歲的屬於中年一代，二十歲前後的則是青年一代。但在一九八〇年代左右，大陸思想氣氛開始鬆動的時候，老一代知識人或死或衰，已發不出什麼聲音；中年一代則已進入晚景，驚魂甫定，戰戰兢兢地保持著剛剛得到的「皇恩浩蕩」，不敢越雷池半步；青年一代此時正進入中年，精力雖然旺盛，但成長在一個絕對封閉的社會中，一時還沒有足夠的精神與思想的資源，作為反思三十年劫難的憑藉。巫先生獨能在一九八六年寫成《從半步橋到康橋》自傳初稿，五年以後又擴大成《一滴淚》，這不能不說是一個異數。從客觀條件說，作者的「劫後餘生錄」不但是在英國和美國撰寫的，而且用的也是英文。但是我們決不能因此得出結論說：由於具有這一客觀的優勢，作者才能捷足先登，寫出這部深刻反思的名著來。這裏必須重視的是作者的主觀條件。

巫先生的《一滴淚》是中國數以百萬計的知識人「淚海」中之「一滴」。然而這一滴淚也如實地折射出整個「淚海」的形勢，也可以說是「淚海」的具體而微，這是我斷定《一滴淚》是知識人「心史」的主要根據，能寫出這樣「心史」的作者，必須具備一項最重要的主觀條件：即在精神和肉體都被踐踏了三十年之後，還能很快地重整旗鼓，恢復了精神上的自我。一九七八年以來，我曾會見過不少老一代的知識人，而且還包括過去在哲學、史學、文學方面卓然成家者，稍一接談，我便發現他們在精神世界中已到了方向莫辨的狀態(disoriented)。在幾十年以暴力為後盾的不斷「思想改造」下，他們原有的精神自我竟徹底散滅了，就我所見到的文字記錄而言，似乎也祇有陳寅恪、吳宓等極少數的人還能至死不失其故我。這使我不能不五體投地佩服巫先生的巨大而堅韌的精神抗力，能夠數十年如一日，頂得住鋪天蓋地而來的胡言亂語。他並不是在一九八六年開始寫自傳時才神定氣足：早在「右派」尚未徹底改正之前，他便已「故態復萌」了。一九八〇年十二月在成都「全國外國文學會議」上，他語驚四座，發出了獅子吼——「選取自由的文學，謝絕奴役人的革命！」事實證明，他說出了人人心中想說而不敢說的話，所以會後許多同行紛紛向他致敬，有的還含著眼淚。正因如此，我才毫不遲疑地認定他的《一滴淚》寫出了整整一代知識人的「心史」。

巫先生在一九五一年回國之前，已具備了深厚的中西文化修養；他的價值意識及由此而衍生的人生觀與世界觀也已大致定型。但難能可貴的是：他經過無數劫難而始終保持住原有的價值系統。他好像庖丁解牛所用的那把刀一樣，「今臣之刀十九年矣，所解數千牛矣，而刀刃若新發於硎」。他也像莊子所描繪的「真人」：「登高不慄，入水不濡，入火不熱。」他和大多數同難知識人的分別便在於此。我當然不是說，巫先生是唯一經得起「黨天下」煉獄考驗的知識人。僅僅就五十五萬「右派」而言（事實上遠不止此數），其中不肯向「黨天下」屈服的人必然佔有一個很高的比例，但他們卻不像巫先生那樣，能夠「倖存」下來或留下文字的記錄。最近受到大家高度注視的北大「右派」學生林昭，她為民主、自由而殉道的精神便足以驚天地而泣鬼神。青年一代「右派」寫回憶錄是最近幾年才開始的。

但是我寫這篇序文，卻時時聯想到今年出版的《吳宓日記續編》（共十冊，北京，三聯，二

○○六）。這部晚年日記始於一九四九，終於一九七四，中間雖有殘缺，但大體上延續了二十六年，恰好涵蓋了毛澤東的當權時期。吳先生記述了每一次所謂「運動」的實況，包括「思想改造」和「檢討」中的種種胡言亂語：他也巨細不遺地寫下了他自己和其他同事備受凌辱的經過。以個案而言，這是我見到的內容最豐富的一部記錄，把中國知識人在這一時期的苦難鏡頭一一攝取了下來，使讀者如身臨其境。但更重要的是他自始至終都抱著「殉道」的精神與征服了中國的史達林體制——「黨天下」——相抗爭。他所謂「道」即建立在對中西古典文化的體認之上的價值信仰。在《吳宓日記》前十冊（一九一〇——一九四八）中，他曾屢屢自誓「殉道」的決心，而《續編》則充滿了實踐的事迹，兩相對照，他的「知行合一」是無可懷疑的。在暴力威脅之下，表面上他自然不能不向「黨天下」低頭。但是在《日記》中他則一再為此自責，而且自比於「身降心不降」的吳梅村。限於篇幅，讓我舉兩三個實例來說明他的殉道精神。一九五一年八月二十八日他寫道：

宓4–6至柑園赴三組學習會，續研《實踐論》。念古今東西哲學之偉大而奉此一冊

為不易之真理、無上之精思，竟事贊頌發揮，可笑尤可恥也。（《續編》第一冊，頁二〇〇）

能在《日記》中對毛的《實踐論》作此大不敬之語，他非具有強大的自信力不可，而當時哲學名家如金岳霖、馮友蘭則無不奉此文為「不易之真理、無上之精思」。相形之下，真信仰與觀念遊戲之辨已無所遁形。一九五二年十一月二十二日他在《日記》中說：

2:30–5:00 大禮堂聆⑴郭豫才北碚市人民代表會議傳達報告；⑵周西卜宣布「中蘇友好月」慶祝辦法；⑶張伯華「中蘇友好」之意義，解釋ⅰ花布傾銷ⅱ旅大佔領ⅲ長春鐵路經營皆為助中國而非利蘇俄之舉動。未言慶祝及歡迎蘇聯文藝團辦法，極詳盡。嗚呼，古今亡國之速且易，又其國人之甘心亡國，惟恐人之不我取，未有如今中國之亡於蘇俄者也！（同上，頁四六二——四六三）

當時毛澤東正在全力推行「一邊倒」政策，從體制到作風，沒有一處不是奉史達林治下的蘇聯為楷模；至於蘇聯侵奪中國權益的種種舉動，如《日記》所列的事實，中共則一概為之文過飾非。吳先生對此表現了最大的憤怒；他認定中共是心甘情願地使「中國亡於蘇俄」。以後幾年他在《日記》中反覆論述這一觀點。一言以蔽之，他痛惜中國古典文化已徹底毀滅，而西方古典文化也不復有存身之地，他「心目中的中國」正在迅速地消失中，而「今日或未來的中國」或將成為「蘇維埃聯邦之一部分」，或「蘇聯之羽翼」（見同書，第二冊，頁一四八——一四九；第三冊，頁一三八——一三九）。「反右」運動展開之後，他寫了一首〈記學習所得〉詩：

階級為邦賴鬥爭，是非從此記分明。
層層制度休言改，處處服從莫妄評。
政治課先新理足，工農身貴老師輕。
中華文史原當廢，仰首蘇聯百事精。

一九五七年七月十六日將曉作（同上，第三冊，頁一二一）

中國的現況和知識人的處境都濃縮在這一首詩中。吳先生與「黨天下」抗爭從未停止過。文革時期，他屢遭毒打，右腿一度折成三截，《日記》中自不敢暢所欲言。但即使在這種極端恐怖氣氛之下，他仍然堅持以曲折方式傳達他的反抗。一九七三年十月二十六日，他在《日記》中寫道：

宓讀十月十九日至二十二日《參考消息》。臺灣駐美大使沈劍虹在 Detroit 宣言：聞知國內「批孔」，使我心中悲痛云云。（第十冊，頁五一一）

這顯然是借《參考消息》的報導來表示他反對當時的「批孔」運動：他自己未著一字，但滿腔孤憤已藉此宣洩出來了。

我為什麼要在這裏鄭重介紹《吳宓日記續編》呢？這有三重理由：第一、吳先生是巫先生的老師。我曾向巫先生求證過，他說他在西南聯大時選過吳先生「歐洲文學史」的課程。第二、前面已指出，毛澤東雖能恃其「黨天下」的暴力逼使大多數中國知識人「降志辱身」，但老、中、青三代中都有特立獨行的豪傑之士，自始至終不為威勢所屈。巫先生屬於中年一代而吳先生則代表老年的一代。所以這部新出的《吳宓日記續編》正好與《一滴淚》互相印證。第三、巫先生之所以能寫出一部知識人的「心史」，我深信是由於他原有的精神價值從未為政治上的狂風暴雨所撼動。這在上面已經說過了，吳先生晚年祇要有機會便閉戶讀中西古典文學或重讀早年師友以至自己的詩文集。這正說明，他必須不斷地回到他的精神世界的源頭，去汲取和增強與暴力抗爭的動力。

巫先生在《一滴淚》中沒有明確點出他的精神抗力從何而來，我最近曾向他提出一個很嚴肅的請求，希望他能再寫一本劫難中的心路歷程，與《一滴淚》互為表裏。我盼望他不會讓我失望。但是細心的讀者並不難在《一滴淚》中找到線索。一九五八年四月十七日他向半步橋勞教所報到的時候，行囊中便帶了英文本《哈姆雷特》和《杜甫詩選》。這兩本書便是支持他度過半步橋、北大荒、清河農場三處艱苦歲月的精神伴侶。他把女兒取名為

「一毛」，即出於杜詩「萬古雲霄一羽毛」之句。在北大荒，他又從難友那裏借到一些沈從文的小說，他的精神世界也更豐富了。據他在一九六二年的回憶，他在勞改營裏，一直是「與《哈姆雷特》、杜甫的詩篇、和沈從文小說相依為命」的（第十章〈暫回人間〉）。這和吳宓先生的精神奮鬥豈不如出一轍？

最後，我要借美國作家何偉 (Peter Hessler) 二〇〇二年六月對巫先生的訪問，作為這篇序文的結束。但這必須從何偉的新書談起。何偉是《紐約客》(*The New Yorker*) 駐北京的記者，他的第一本報導文學《江城》(*River Town*)，通過許多小故事，寫變動中的中國，十分生動深刻。其中單篇文字在《紐約客》上刊出時，早已膾炙人口，集結成書後更是好評如雲。今年他又把最近的散篇集成《甲骨》(*Oracle Bones*, New York: Harper Collins, 2006) 一書。這部新書的有些篇章也是先在《紐約客》上刊出的。書名《甲骨》，因為其中一個主要故事是寫陳夢家的。因陳夢家而涉及他的夫人趙蘿蕤，再從趙蘿蕤蔓延到《一滴淚》的作者，所以才有對巫先生的專訪。何偉的研究精神實在令人欽佩。他不但訪問了陳夢家、趙蘿蕤的親友，而且連領頭迫害陳夢家的人也不肯放過。由於陳夢家打成「右派」的罪狀是他反對文字改革，何偉竟遍訪與文字改革有直接關係的人，包括一位九十多歲的老先生；他對有關陳夢家的每一件事都非追到水落石出不止。這件事恰好又與吳宓發生了瓜葛，讓我引兩條《日記》為《甲骨》一書添一點有趣的證據。一九五七年五月二十日吳宓記道：

> 午飯時，接張天授剪寄(1)一九五七年五月十七日上海《文匯報》陳夢家撰〈慎重一點改革漢字〉文，(2)一九五七年五月十七日上海《文匯報》專電（首都學術界激烈爭論「漢字要不要改革？」記）。即覆函申謝。宓讀此剪報，始知宓一向太過慎重，太為畏怯，愧對自己平生之志事矣。即致唐蘭、陳夢家一函，述感佩之意。寫示「不死驚看漢字亡」一詩。（第三冊，頁八八——八九）

吳先生是誓死捍衛漢字的，陳的文章和唐的發言給他陡然增添了無限的勇氣，竟寫信去支援。但八月十六日他在《日記》中說：

北京有陳夢家，以反對文字改革為其罪。按宓於五月二十日致唐蘭、陳夢家一函，似因漿糊潮濕，郵票脫落，該函竟以「欠資無人收領」退回，宓幸免牽連矣。然宓自愧不如夢家之因文字改革而得罪也。（同上，頁一五二——一五三）

吳先生因「郵票脫落」而倖免打成「右派」的可能，這種事實在太巧了。但他並不「自幸」，而是「自愧」，這又是他「殉道」精神的充分體現。巫先生便是和陳夢家同時落入「陽謀」的陷阱的。

何偉「打破砂鍋問到底」的精神尚不止此。由於甲骨的發現地是安陽，他親到安陽考古站訪問，希望找到和陳夢家相識的考古人員。皇天不負苦心人，他終於在那裏找到了一位已退休的老楊，老楊是當時看守陳夢家的人員之一，他向何偉回憶了陳自殺前後的一些事迹，但是何偉並不照單全收，他要和其他的採訪資料互相比勘，才試作推斷或存疑。更不可思議的是，為了進一步理解安陽發掘，他竟於二〇〇一年十二月親至臺北中央研究院訪問了百齡老人石璋如先生，因為他是當年參加發掘的僅存人證了。

祇有介紹了《甲骨》一書是怎樣寫成的，我們才能認真對待何偉對巫先生的專訪。巫先生初到燕京大學時，暫時寄居在陳夢家、趙蘿蕤的家中，直接和陳先生交往過，並且親身聽到他說：「這是『一九八四』來了，這麼快！」這一切何偉早已知道得一清二楚，他是有備而來的。但何偉此書並不是專寫陳夢家一人；他不過是借陳的個案為線索，來探索在黨天下的蹂躪下，幾代中國知識人是怎樣活下來的，因此他每訪一位與陳有關的人，除了搜集資料之外，筆鋒一轉，便以被採訪者為主體；對於巫先生，他也是如此。被採訪者對於中共一浪高於一浪的「運動」，特別是「文革」，反應各有不同。他祇作現象學的描述，不下任何道德判斷。但對於巫先生，他顯然另眼看待。他說，他特別尊敬巫先生的寧靜。正是由於內心的寧靜，他才能在回憶錄中把自己的經歷清理出來，並循此而尋求其苦難人生的意義所在。在這一方面，《一滴淚》體現了極高的價值。何偉也很想知道：巫先生怎樣在監獄和勞改營中還能保持住堅韌的精神。巫先生說，他常常想到杜甫、莎士比亞和狄倫·托瑪斯。他特別引了托瑪斯〈死亡也一定不會戰勝〉的詩句，也就是他在《一滴淚》中譯出的幾句：

當筋疲腱鬆時在拉肢刑架上掙扎，
雖然綁在刑車上，他們卻一定不會屈服；
死亡也一定不會戰勝。（見第三章）

這又再一次證實了上面關於他的精神世界源頭的推測。

巫先生對於「我歸來、我受難、我倖存」的人生並不悔恨，他對何偉說：

如果沒有文化大革命或反右運動，我也許會是一個更有成就的學者，也許我會寫出幾部有關英、美文學的專著。但是那又怎麼樣呢？關於這一方面的專書早已汗牛充棟了。《一滴淚》也許是一部更重要的作品。（頁四五六）

我完全同意巫先生的看法。王國維曾引尼采的名言：「一切文學余愛以血書者。」（《人間詞話》卷上）《一滴淚》便是「以血書者」，巫先生以「受難」的全部人生為中國史上最黑暗時代作見證，這是他個人的不朽的盛業，然而整個中華民族所付出的集體代價則是空前巨大的。我不禁想起了趙翼的兩句詩，引之以為序文的結語：

國家不幸詩家幸，吟到滄桑句便工！

二〇〇六年耶誕日

（巫寧坤《一滴淚：從肅反到文革的回憶》，臺北，允晨，二〇〇七）

附錄 我所記憶的趙蘿蕤

余國藩[1]

在拜讀余英時教授關於巫寧坤的動人文字（《當代》，二〇〇七，第四期）時，我在第六十五頁看到了一張令人印象深刻的照片，那是年輕的陳夢家和他年輕的新娘趙蘿蕤。由於趙蘿蕤和芝加哥大學淵源甚深，我感到英時兄文中有一股力量，敦促我記下一些我自己與她接觸的經驗。在趙蘿蕤去世前大約超過十年的一段時間，我們有過多次的接觸，儘管每次都是短暫的。我希望，我的簡短憶述能夠為她一生非凡的歷史提供某種注腳。

1 余國藩 (Anthony C. Yu)，美國芝加哥大學榮休巴克人文學傑出講座教授，曾為該校神學院、比較文學系、東亞系、英文系和社會思想委員會合聘教授。以英譯《西遊記》四卷本等著作享譽學界。學術榮譽包括臺灣中央研究院院士和美國人文社會科學院院士等。

一九七〇年代末，有一天我和內子突然接到好友 Gwin Kolb 的一個電話。他是芝加哥大學已故的英文和人文學 Chester Tripp 講座教授、十八世紀英國文學尤其是有關 Samuel Johnson 的專家，也是我在英文系的資深同事，儘管我從未有幸聽過他的課。在電話中，Kolb 非常興奮，因為他的一個老同學由中國來訪，他要我們一起吃晚飯並去見她。由於 Kolb 不懂中文，他只是介紹那位老同學叫 "Lucy Chen"，戰後曾經和他一道在芝加哥修習過英美文學的研究生課程，並成為他和他太太 Ruth 的親密友人。很久之後，我們才從 "Lucy Chen" 自己的口中得知，她分別於一九四六年和一九四八年獲得英語文學的碩士和博士，都是在芝加哥大學。一九四九年，她突然離開芝加哥，告訴 Kolb 說她要回到祖國為「新中國」服務。

在 Kolb 家晚餐初晤時，我對 "Lucy Chen" 的身分一無所知，直到以後多次談話，我終於發現她就是趙蘿蕤。她英文的姓是來自她已故先生的名門姓氏。不用說，在遇到趙蘿蕤之前，我不但已知陳夢家的大名，也讀過他的一些學術著作，包括《殷墟卜辭綜述》這部經典的某些部分。正如英時兄在其文中指出的，通過《紐約客》(*The New Yorker*) 和何偉

(Peter Hessler) 的新聞報導，陳夢家及其成就甚至在美國的非學術讀者群中也獲得了應有的關注。不過，這裏我想說的簡短故事則是有關趙蘿蕤本人的。她雖然比她的先生多活了很多年，所承受的痛苦卻大概並不比她的先生少。並且，在同樣最為困難的境況下，她在學術上所取得的經久的卓越業績，與其先生相較，也並不遜色。

從我與 Kolb 的交談中得知，趙蘿蕤決定回國後要馬上開始一項她原來在芝加哥時就已經很有興趣的計劃。雖然她的博士論文研究十九世紀美國小說家詹姆斯 (Henry James)，但是她的抱負以及最終足以傲人的成就，卻是首次以中文全譯了十九世紀偉大的美國詩人惠特曼 (Walt Whitman, 1819–1892) 的《草葉集》(*The Leaves of Grass*)。《草葉集》的初版，其實只是惠特曼十二首詩在一八五五年的鬆散結集。在美國圖書館出版的當代版中，這部詩集包括了一篇長達一百四十二頁的著名的前言。不過，許多美國文學的研究者卻一直對一八九一——一八九二年的所謂「易簀版」(deathbed edition) 情有獨鍾，因為這是惠特曼去世前不久親定的。經歷了至少八次的修訂，《草葉集》收入了不少其他的詩篇，最終成為一部卷帙浩繁的詩集。在同一個美國圖書館版中，其總長達到了五百零七頁。

趙蘿蕤和 Kolb 都告訴過我，她回國後便很快開始準備她的不朽的翻譯工作。但是，對於像具有趙蘿蕤那樣興趣和熱忱的人來說，毛澤東時代的二十多年幾乎不可能是友好和同情的。降臨到陳夢家身上的悲慘命運以及陳夢家最終的自殺，已經給趙蘿蕤施加了言辭所不能形容的痛楚，而她研究美國文學的堅定興趣，在貫穿其教學生涯的多次政治動亂時期，也得不到適當的保障，儘管聲譽卓著的北京大學的職位給了她最低限度的支持的境遇。她的學術專長只會給她增加不得不承受的社會污蔑和放逐，即使在一些學術友人之間也在所難免。置身於這種無可逾越的障礙之中，趙蘿蕤卻受益於一些美國友人的慷慨援助，使她的學術工作得以在緊要關頭持續下去。

除了 Kolb 之外，趙蘿蕤讀書期間也成為 James E. Miller Jr. 的朋友。後者是芝加哥大學的另一位英文教授，曾在二戰後差不多同一時間獲得其博士學位。在別處短暫任教之後，Miller 回到了芝加哥大學。和 Kolb 一樣，他也在芝加哥大學渡過了一生的教學生涯。Miller 是一位多產的作者，在二十世紀後半葉，他最終成為全美最負盛名的美國文學專家之一。我不知道趙蘿蕤是否曾經從學於 Miller，不過，Miller 的專長之一恰好就是惠特曼。

Miller最好的學生之一David Kuebrich後來也成為惠特曼的專家，當他八十年代末在北大任客座教授時，也同樣和趙蘿蕤成為朋友。五十年代中期，當Miller和Kolb得知趙蘿蕤要獲得與翻譯計劃相關的一切資料是如何的艱難時，他們就自己買書和期刊寄到北京，給趙蘿蕤提供雪中送炭的幫助。這種寄贈可不是一兩次的偶爾為之，整個過程持續了十年以上。我聽說，跨越太平洋所寄的印刷資料包括惠特曼全集的完整版本，相關的各種傳記和各種文學史，過去與惠特曼有關的各種歷史文獻的彙編，以及最新的英美出版的關於惠特曼的批評作品。即使郵寄通常是以水路平寄，這種郵寄和幫助之費用不菲，也是顯而易見的。Kolb和Miller輪流買書和付郵資，讓我至感震驚並深深欽佩的是，有一年他們購書和郵寄的支出幾乎達到一千美元，而那時他們的年收入也不過只有四千美元！

我自己曾於一九八七年重訪中國，這是我成人後的首次，也是第一次訪問北京。在訪問北大的三周期間，我是中文系和比較文學所的客人。當時，趙蘿蕤碰巧也在北京，她力邀我到她家中造訪。當我到她家時，她首先帶我到她的前院，這是有名的四合院的建築空間，然後她引我走進院中角落的一個棚舍般的建築之中。進屋時，我所看到的是一間布滿灰塵的小屋，只有一個窗戶，堆滿了書籍、期刊和論文，從泥地一直堆到天花板。所有這些都是文學資料，有些是印刷的，有些是手寫的，大部分都是英文的，也有不少是中文的。

等我們離開院中小屋回到客廳，趙蘿蕤將她幾近完成的關於惠特曼的文稿拿給我看。在我面前的文稿用工整的中文寫就，超過兩千頁。接下來，她告訴了我她是如何成功地挽救並保存了她的無價的辛勞，使之躲避了政治瘋狂的暴力。整個故事讓人為之驚詫不已。在文化大革命的高峰，成群結隊劫掠成性的紅衛兵數次衝進她的家中。正如他們對其他人所做的一樣，除了人身傷害之外，他們還不斷地毀壞個人物品和財產。就趙蘿蕤而言，陳夢家從家中繼承所得的許多精緻的明代傢俱被毀於一旦。由於院中小屋一般是同其他四合院住戶共用為廁所的地方，侵入者也就不煩去破門而入檢查其中的東西了。當然，他們並不知道，趙蘿蕤拚命將她所有關於西方文學的書籍和論文都塞到了那個小屋之中。而她無可替代且尚未完成的惠特曼的翻譯，正藏於其中。

不用說，當時我手中的厚厚一疊文稿對我的觸動，已非言辭所能描述。不過，我的造訪卻只能有匆匆不到兩個小時。當我一九九四年在 Kolb 家中再次見到趙蘿蕤，拿著一本正式出版的惠特曼詩集的中文版時，我有了格外的激動和愉悅。該書出版項的條目是這樣的：

惠特曼，《草葉集》，趙蘿蕤譯。
外國文學名著叢書編輯委員會編。
上海：上海譯文出版社，一九九一。

除了幾幅顯示惠特曼本人、他的出生地以及他的幾行手迹的照片之外，該書還包括一篇〈序〉。這篇〈序〉說明趙蘿蕤對詩人的一生、其所在的歷史和文化脈絡（尤其是他對十九世紀中期美國內戰的個人回應）以及《草葉集》複雜的文本演變都有著絕佳的把握。在這部長達一〇八五頁的譯著的結尾部分，是趙蘿蕤自己的四篇文章：〈惠特曼論自己〉、〈惠特曼論林肯〉、〈《我自己的歌》譯後記〉以及〈惠特曼年表〉。正如我七年前看到趙蘿蕤的著作一樣，我只有很少的時間細究該書的內容。但是，我的匆匆瀏覽所及已經證實了我最初的印象：譯筆的機敏生動，令人傾倒，處處尋求切合原作對於語言的巧妙與創新的運用。在美國文學史上，由於使用最通俗的措辭和口語式的句法來表達詩的新形式，惠特曼一向被譽為使詩歌語言「民主化」。即使大體翻閱趙蘿蕤的譯本，我也能立刻感到，譯者是在有志於逐行逐句地與惠特曼獨特的風格相匹配。

譯者在前言中對所有友人——Kolb、Miller 和 Kuebrich——的幫助表示了特別的感謝，但由於他們都不通中文，趙蘿蕤那次來芝加哥時只帶了一套譯本。簽過名的書是送給「芝加哥校友會」的禮物，而芝加哥校友會則不失時宜地將其贈給芝加哥大學圖書館永久收藏。儘管該書封面為布料質地，印製美觀，但趙蘿蕤在一九九四年（那是我們最後一次會面）也表達了她的憂懼，即該書很快會面臨最終的出版壓制，如果不是完全銷毀的話。從那時起，通過各種不同的管道，我自己曾試圖看看能否給自己買一套。然而，不論是普通的書商還是信得過的友人，都未能成功。

在我與趙蘿蕤超過十年的幾次零星的謀面期間，我從未有機會與她充分討論為什麼她想要將其一生貢獻給惠特曼，因為美國文學中還有其他一些人物同樣值得表彰。近閱圖書館的趙譯時，我發現或許可以在其《我自己的歌》譯後記〉中得到解釋。在一段率直和富有激情的文字中（見譯本頁一〇七三——一〇七九），趙蘿蕤指出，對於其讀者（這意味着：尤其是對像趙本人那樣投入的讀者來說）來說，惠特曼的獨特吸引力在於以下的幾個特徵：一、對於民主理想的畢生奉獻；二、遍及生活各個方面的平等主義的實踐，包括社會行為和詩歌創造；三、他的靈性主義（spiritualism）是基督教信仰的迴響，強調個體的尊嚴是神性不可壓制的火花；四、對於感性和無論是異性還是同性關係的完整性，都同樣予以肯定而不稍加壓制。在西方文學批評的經典當中，對於惠特曼之價值的如此描述本身已是一種普遍被接受了的典範性評價。不過，我還是忍不住要揣想，雖然中國政府信誓旦旦地以「現代」和「進步」自許，其政治體制是否已經達到了一種境地，能夠允許像擁有這種持守和信念的一位詩人，在它的民眾之間自由流通呢？

二〇〇七年七月十六日於芝加哥

（彭國翔　譯）

附識：我在給巫寧坤先生《一滴淚》的序文中提到，一九四九年秋季我在燕京大學歷史系二年級讀書時的英文老師便是趙蘿蕤。當時曾到她家中吃過一次餃子，也見到了她的先生陳夢家。由此緣故，加之趙蘿蕤與芝加哥大學的淵源，特請國藩兄撰此大文，以為紀念。

余英時

史景遷《天安門：中國的知識份子與革命》繁體中文版序

我的朋友史景遷的名著《天安門》即將由時報文化出版公司刊行中譯本，這是一件很令人高興的事。承林總編輯馨琴的雅意，要我為此書寫一短序，我覺得義不容辭，因此雖自感力不勝任，還是一口答應了下來。

史景遷在中國近代史領域的重大貢獻早已舉世皆知，用不著我來介紹。一九七七至一九八七年，我在耶魯大學歷史系任教，和史景遷幾乎天天見面，成為終身的朋友，對他的治學與為人都有比較親切的認識。我不但欽佩他的史筆文才而且也敬愛他的高雅和溫厚的人品。現在讓我以老朋友的資格，稍稍說一說他作為一位傑出史學家的最大特色所在。

我沒有向他直接求證過，但是我相信他的中文姓名「史景遷」，也許是他早年師事過的房兆楹先生和夫人杜聯喆給他取的。房、杜二老都精熟明、清史事，他們和恆慕義 (Arthur W. Hummel)、富路德 (L. Carrington Goodrich) 先後合作編寫的《清代名人傳略》和《明代名人傳》是兩部有長久價值的參考書，西方治明、清史者往往從此二書入門。史景遷在撰寫博士論文期間曾在房、杜門下受過一番很嚴格的薰陶；論文（《曹寅與康熙帝》）出版之後即一舉成名。房、杜二老慧眼識英才，早就看出他不同凡響，因此才把他和司馬遷連在一起。

無論我上面的推測是否準確，史景遷的著作必須劃入《史記》的類別之內，則是無可爭議的。《史記》不但是中國史學的傑作，而且也是中國文學的最高典範。四十年來史景遷寫了一部又一部的史學專著，上起明末（如《利瑪竇的記憶之宮》[*The Memory Palace of Matteo Ricci*]）下至二十世紀的終結（如《天安門》）。一九九〇年他寫了一部最暢銷的中國近現代史通論，始於晚明，終於一九八九年天安門民主運動，這是他一生教學和研究的全部範圍，先後跨越了四個世紀。他在其中每一個世紀都選擇了一、兩個專門題目，寫出生動的敘事 (narrative) 長篇。從正面或側面勾勒出一個時代的精神面貌。這是史學家的真本領，也是史學的最後歸宿。就我閱覽所及，在並世研究中國近現代史的學者之中，好像祇有史景遷一人具有這一特殊的本領。為什麼呢？我想這是因為他不但史學的功夫深厚，而且文學的造詣也超出儕輩。「才兼文史」正是司馬遷在中國史學史上所開闢的一條大路。

史學必須與文學融化為一體，然後才能產生雅俗共賞的敘事作品，當然不是中國所獨有的觀念，西方也有同樣的傳統。我們首先便想到英國的麥考萊 (Thomas Babington Macaulay, 1800–1859)，他的五卷本《英國史》(*The History of England from the Accession of James II*) 曾在英語世界風行了幾十年。據說辜鴻銘（一八五七——一九二八）早年留學蘇格蘭，對於這部《英國史》已達到了熟讀成誦的地步，曾多次在北京大學表演過。這個傳說是否可信，我不敢確定。但由此可知十九世紀下半葉《英國史》在英語世界的地位已和《史記》在傳統中國差不多。與麥考萊同時的德國蒙遜 (Theodor Mommsen, 1817–1903)，是古史大師，最以開拓史料的疆域著稱於世。但他的三卷本《羅馬史》(*The History of Rome*) 卻是文學的傑作，一九〇二年獲得諾貝爾文學獎，他認為史學家毋寧更近於藝術家，而不應僅僅是一個學究。麥考萊對於他理想中的史學家曾列舉了許多特徵，我現在要特別介紹以下幾項：

第一、他的作品具體而微地展示出一個時代的性格和精神。第二、作品中所敘述的事實和其中人物的言行，其真實性無不建立在充足的文獻根據之上。第三、通過對史料的精心取捨和安排，他用小說家的巧妙手段，說出整個故事的真相，讀來津津有味。第四、在他的敘事中，用墨或濃或淡，或隱或顯，一切都遵守著適當的章法。第五、在人物描寫方面，幅度的大小或輕重並不以他們的身分或地位之高下為標準，而是看相對於闡明當時的社會狀態和一般人性而言，他們究竟可以發揮多少作用。第六、對於人物的處理，他並不僅僅止於外在的描寫，而是讓讀者對他們有親切的認識，有如曾接晤過其人一樣。

我特別挑選出這六項特徵，是因為它們恰恰都在《天安門》一書中充分地體現了出來。《天安門》寫的是近八、九十年來（一八九五——一九八〇）劇烈變動中的中國，史景遷想通過形形色色的知識人怎樣在這個大變動中自處，以窺測其整體的趨向。在過去一個世紀中，中國知識人一方面是激起巨變的一股原動力，另一方面又毫無例外地被巨變的浪潮所一一吞沒。這是中國史上空前甚至絕後的一場悲劇，但在雄偉悲劇的演出過程中，隨時隨地又透顯著無奈而自嘲的喜劇意味。他當然不可能把所有知識人都蒐羅在一部敘事之中，所以必須精選少數最有代表性的人物作深入的探討，然後交織成一幅中國精神面貌的整體圖像。康有為、魯迅、丁玲是貫穿《天安門》的主線，可以稱之為原書的「經」，秋瑾、沈從文、瞿秋白、徐志摩、聞一多、老舍六人也橫插在各個不同的階段，構成了全書的「緯」。在經緯交錯之中，還有無數有關的人物隨時進進出出，其中包括鄒容、梁啟超、蔡元培、陳獨秀、李大釗、郭沫若、茅盾、林徽音、胡風、王實味等等；甚至外國訪者如羅素、泰戈爾、蕭伯納等也點綴其間。

《天安門》全書是根據作者胸中的全面構想組成的。所以無論是「經」是「緯」還是偶然出場的人物，都服從於全面構想的需要而苦心設計。例如三位「經」的人物不但代表了三個世代，而且有男有女。若從身分、地位來看，丁玲的分量自然遠不能與康有為、魯迅相提並論，但是沒有她，敘事便無法溯源循流，上接清末的鑑湖女俠，下引一九七九年的傅月華了。六位「緯」的人物則顯然代表了背景各異的知識人的典型。作者在〈自序〉中說，他的「經」、「緯」安排純粹是就敘事的方便而設，並不表示「緯」中六人在整個敘事中的意義小於「經」中三人。這一點尤與上舉麥考萊的第五項若合符節。

全書終於一九七九年魏京生和傅月華的入獄。以當時的社會地位而言兩人都是「小人物」：一個是有軍人背景的青年，要求「第五個現代化」——民主，另一個則是北京建築單位的年輕女工，控訴上司對她的強暴。但是在史景遷筆下，這兩個小人物出現在天安門前卻具有重大的意義，象徵了中國歷史的新動向。史景遷作為一位史學家的深刻洞察力在這裏顯露得最清楚。全書命名為《天安門》，說明他已敏銳地察覺到：天安門廣場的歷史功用正在發生驚天動地的變化，甚至可以說，他已預見十年以後天安門前的屠殺慘劇。中共在一九四九年以後擴展天安門廣場是為了把它變成莫斯科的紅場，從而宰制全中國的老百姓。「文革」時期毛澤東一而再、再而三地在天安門上接見數以百萬計的紅衛兵，把廣場的宰制作用發揮到了極致。然而天道好還，物極必反，一九七〇年代天安門廣場已一變而為反宰制的舞臺，至一九八九年而全面演出。一九九〇年史景遷寫《追尋現代中國》（*The Search for Modern China*）便止於一九八九年六月四日的悲劇（繁體中文版的《追尋現代中國》翻譯的是英文新版，加了一章，內容講述時段至一九九〇年代末），他在全書結尾處指出：

儘管中國政府運用思想和政治的鎮壓，我們並沒有半點理由相信：一九八九年的抗議是最後的一次。

十七年過去了，我仍然相信史景遷的判斷是正確的。

二〇〇七年一月八日於普林斯頓

（史景遷《天安門：中國的知識份子與革命》，臺北，時報，二〇〇七）

劉再復《思想者十八題——海外談訪錄》序

——從「必然王國」到「自由王國」

劉再復兄這部《思想者十八題》集結了他十七年「漂流」生活中的採訪錄和對談錄，用他自己的話說，各篇的「共同點是談話而不是文章」。「談話」的長處不僅在於流暢自然，而且能兼收雅俗共賞之效。十八題中的論旨在他的許多專書中差不多都已有更詳細、更嚴密的論證，但在這部談訪錄中則以清新活潑的面貌一一展現了出來。不但如此，談者「直抒胸臆」，讀者也感受到談者的生命躍動在字裏行間。再復一再強調，這十七年來他進入了「第二人生」。這句話的涵義祇有通過本書才能獲得最清楚的理解。

在對談錄的部分，我特別要提醒讀者注意他和高行健、李歐梵、李澤厚三位朋友的對話。這是思想境界和價值取向都十分契合的「思想者」之間的精神交流。儘管所談的內容各有不同，但談鋒交觸之際都同樣迸發出思維的火花。在這三組對話中，二〇〇五年《與高行健的巴黎十日談》使我感受最深。他們不但是「漂流」生活中的「知己」，而且更是文學領域中的「知音」。他們之間互相證悟，互相支援，互相理解，也互相欣賞。這樣感人的關係是難得一見的，大可與思想史上的莊周和惠施或文學史上的白居易和元稹，先後輝映。再復十幾年來寫了不少文字討論高行健的文學成就。無論是專書《高行健論》或散篇關於《八月雪》劇本的闡釋，再復都以層層剝蕉的方式直透作者的「文心」，盡了文學批評家的能事。這是中國傳統文藝評論所說的「真賞」，決非浮言虛譽之比，更沒有一絲一毫「半是交情半是私」（楊萬里句）的嫌疑。在《巴黎十日談》中，高行健先生對再復兄說：

出國後你寫了那麼多書，太拚命了。光《漂流手記》就寫了九部，這是中國流亡文學的實績。還寫了那麼多學術著作。前幾年我就說，流亡海外的人那麼多，成果最豐碩的是你。你的散文集，我每部都讀，不僅有文采、有學識，而且有思想、有境界，我相信，就思想的力度和文章的格調說，當代中國散文家，無人可以和你相比。

這都得益於我們有表述的自由。更關鍵的是你自己內心強大的力量，在流亡的逆境中，毫不怨天尤人，不屈不撓，也不自戀，而且不斷反思，認識不斷深化，這種自信和力量，真是異乎尋常。你的這些珍貴的文集呈現了一種獨立不移的精神，寧可孤獨，寧可丟失一切外在的榮耀，也要守持做人的尊嚴，守持生命本真，守持真人品、真性情。僅此一點，你這「逃亡」就可說是此生「不虛此行」，給中國現代文學增添了一份沒有過的光彩，而且給中國現代思想史留下了一筆不可磨滅的精神財富。

在這短短兩三百字中，高行健為再復的「第二人生」勾勒出一幅最傳神的精神繪像，不但畫了龍，而且點了睛。這也是建立在客觀事實之上的「真賞」，決不容許以「投桃報李」的世俗心理去誤讀誤解。

本書定名為《思想者十八題》，可見再復是以一般「思想者」而不是文學專家的身分，向我們訴說他這十幾年來的心曲。所以下面我也將論點轉移在「思想者」的範圍之內。我對於現代文學是十足的外行，論點的轉移反而使我可以在常識層面上說幾句與本書相關的話。

再復有一段論八十年代的話值得玩味：

從世俗社會的角色上說，八十年代我是時代的寵兒，是文學研究所的所長，是全國政協委員和青聯常委。而現在則什麼都不是，沒有任何世俗的角色，只是一個漂流的學者，一個精神的流浪漢，一個過客，一個充當「客座教授」的過客。生活的基調不是「轟轟烈烈」，而是「安安靜靜」。對於世俗角色的落差，往往會使人產生心理上的不平衡，以至產生心理危機，在危機中又產生痛苦與焦慮，這是難以避免的。在剛出國的頭一兩年，我也常有不平衡，常有孤獨的焦慮，人生的上下半場好像銜接不起來。但是，在讀書與思索中，我沉靜下來了，第一第二人生逐漸銜接起來了。這裏的關鍵是我終於真正意識到世俗角色並不重要，重要的是內心角色，是內心那顆真實而自由的靈魂。八十年代最寶貴的效應，是大時代激活了我的內在世界，從根本上打開了我心靈的門窗，而且喚醒了我的反思世界與反觀自身的熱情與能力。

這是一番很忠實也很透徹的自我解剖，再復作為「思想者」所經歷的無限艱辛都包括在其中。讓我試作一點分疏。

一九八九年六月四日是再復的第一和第二人生之間的分界線，這是再清楚不過的事。他用「轟轟烈烈」和「安安靜靜」來分別概括這兩個人生階段。我們也可以說，他的第一人生是「驚天動地」，第二人生則是「寂天寞地」。一個人在一夜之間從「驚天動地」掉進「寂天寞地」，他在心理適應方面所必須克服的困難是不可想像的。以再復而言，我認為他至少經歷了三個層次的精神奮鬥，而且一層比一層更困難。

第一層困難便是他所說的從「世俗社會的角色」轉變為「內心角色」。「所長」、「政協委員」之類「角色」在「黨天下」體制下擁有與之相應的巨大權力，這在常態的現代社會中是難以想像的。再復自己便談到克服這一層困難的過程，他說：

> 到西方後才覺得，哎呀，這個「自由」多麼累，我們原先什麼都靠組織，什麼都是組織幫解決，出門它幫我找汽車，出國它幫我買機票，特別是我當時是研究所長，

辦公室裏行政人員多，很方便。到美國來可不行了，什麼都要靠自己。這才覺得西方這個大自由社會，沒有能力，就沒有自由，我害怕，我要逃避自由。但是這就逼著我成長了，所以我說第二人生，自己能力成長了。

我必須強調：儘管孔子早就說過：「不義而富且貴，於我如浮雲。」詩人也能「紅顏棄軒冕，白首臥松雲」。但親歷其境，毅然在良知與人欲之間作出明確的抉擇畢竟不是很容易的事。再復在漂流一兩年之內便能「調停得心體無累」（王陽明語），這便充分印證了高行健的觀察：他確實具有「內心強大的力量」。

第二、《易經》說：「天地變化，草木蕃；天地閉，賢人隱。」八十年代是「黨天下」五十多年中僅有的一次短暫的「天地變化，草木蕃」時期。事實上，這衹是曇花一現的幻境，因許多歷史因素的偶然湊泊而成——這裏不可能也毋需展開討論。但不可否認地，在此一剎那幻境中，中國大陸上確出現了一番「驚天動地」的景象，再復便是當時「驚天動地」之一人。最近《紐約客》上有一篇〈北京來鴻〉，因《告別革命》一書而回顧了八十年代再復和李澤厚兄的文化功績：他們兩位光芒四射，分別在文學界和思想界發揮了巨大的影響力（見 Jianying Zha, "Letter from Beijing: Enemy of the State," *The New Yorker*, April 23, 2007, p. 53）。

在《關於文學的主體間性》中，對談者楊春時先生曾這樣概括他們兩位當時在思想上「驚天動地」的作用：

現在回想起來，在你（按：指劉再復）寫作《論文學的主體性》之前，學術界就已經對反映論和意識形態論進行了批判，但是還沒有找到一個堅實的理論體系……。所以當時李澤厚先生的「主體性實踐哲學」一提出來，就引起廣泛的重視。李先生的功績就在於提出了一個理論系統，給思想啟蒙提供了一個理論根據。記得一九八五年我們曾經談起李先生剛發表的那篇《康德哲學與主體性論綱》，感到很受啟發，並考慮用主體性來建構新的文學理論。而不久你就發表了《論文學的主體性》，並引起了轟動和全國範圍的大討論。但是我也注意到，你對主體性理論的發揮，有自己的創造，你講的文學主體性與李澤厚先生的實踐主體性有所區別，並不是簡單移用。

由此可知，再復和澤厚當時所說的，都是人人心中想說而又說不出來的話，因此文章一發表便「引起了轟動和全國範圍的大討論」。所以八十年代正是再復的生命力最旺盛也最發皇的階段，無論就學問或思想說，達到了「道必充於己，而後施以及人」（程伊川語）的境界。讀者或聽眾對他的文字或言論的熱烈回響也成為他的生命中不可分割的部分，因為他這時的生命已與「天地變化，草木蕃」融為一體。但一九八九年「六四」以後，中國大陸又重回「天地閉，賢人隱」的死寂狀態，再復也被迫而成為一個「漂流者」；在漂流中他雖然不斷地寫作，然而孤雁離群，再也引不起「轟動」或「全國範圍的大討論」了。克服這一層次的寂寞之感比拋棄「世俗社會的角色」也不知道要困難多少倍。試聽聽他在二〇〇六年答「故鄉」之問的話：

此時此刻，我的筆下就是我的故鄉，我心中原初的那一片淨土就是故鄉。……我快樂不在於我的作品的發表，或是外部的評價，或是轟動效應。我的快樂，我的滿足，就在表述的此時此刻。（林幸謙《生命向宇宙敞開》）

這是大徹大悟以後的證詞，他終於超越了「發表」、超越了「外部的評價」、更超越了「轟動效應」。用孔子的話說，這是「人不知而不慍」；用莊子的話說，這是「舉世譽之而不加勸，舉世非之而不加沮」。但是再復最後能達到這一境界顯然是經過了長期的內心掙扎。這就直接通向他在第三層次的精神奮鬥：怎樣回到「心中原初那一片淨土」？

再復在第三層次的徹悟是他整個心路歷程中最長也最艱苦的一段。我推想其始點大概在「文革」時期。他回憶在「文革」中「看到批判『逍遙派』，心裏就發顫」（《知識分子的第三空間》）。這似乎顯示，他那顆在「黨天下」意識形態中囚禁了幾十年的靈魂開始躍動了。八十年代《論文學的主體性》已是靈魂覺醒到相當明朗階段的正式表述，然而還沒有抵達終站。一直要等到漂流以後，在巴黎和高行健互相印證，歸宿於慧能的禪境，再復的心靈才真回到了「故鄉」。從此他口中筆底常見「悟」之一字，這決不是偶然的。

用人人都能當下領會的話說，這個心靈的「故鄉」其實便是個人自由。再復宣揚「文學的主體性」時，他已正式肯定了個人自由是一切創作的源泉，不過「主體性」的概念借自康德，還沒有和中國文化傳統掛上鈎。等到他在禪悅中獲得「大自在」，他才走完了最後一程。

列寧說：「文學藝術是整個革命事業的齒輪和螺絲釘。」

這是對個人自由的最徹底的否定，所以生活在這一原則支配下的文學家、藝術家，創作生命便完全終結了。在列寧、斯大林體制下如果仍有人能維持創作生命，那麼他或她必須以無比的勇氣去堅持個人的自由。前蘇聯的帕斯捷爾納克 (Boris Pasternak) 便是一個最典型的例子。一九四五年他正在撰寫《齊瓦哥醫生》，他對來訪的柏林 (Isaiah Berlin) 說，他對於個人自由的信仰是從康德的個人主義中得來的（見 Isaiah Berlin, "Conversations with Akhmatova and Pasternak," in *The Proper Study of Mankind*, New York, 1998, p. 529）。這和四十年後再復的經驗豈不是先後如出一轍？

但是我要特別指出，再復掙脫「黨天下」的精神枷鎖，找到個人自由，他所踏出的每一步都布滿著荊棘，恐怕是俄國作家也難以想像的。這裏必須略略回顧一下俄國作家的處境。

一八四七年七月十五日貝林斯基 (Vissarion Belinsky) 在《給戈果爾的公開信》(*Open*

Letter to Gogol）說，帝俄專制下，整個社會是一片死寂，然而反專制、反東正教的文學卻一直生氣勃勃。所以作家的使命受到社會的尊敬，人們都把俄國作家看作是僅有的領袖、保衛者和救星。貝林斯基在俄國文學界的地位很像中國的魯迅，他的話是有分量的。這就是說，俄國早在十九世紀中葉便已形成了一個與政治權勢相抗的文學傳統。十月革命之後，絕大多數的文學家和藝術家都拒絕接受布爾什維克的專政，新政權召開作家會議，往往祇有四五人或七八人到場，情況十分難堪。高爾基是列寧的朋友，因此曾和布爾什維克合作，但仍然時時對新政權發出嚴厲的批評。列寧因為重視他的支持，不得不予以容忍而已。黨對於作家的控制，自然日益加強，從列寧到斯大林無不如此。所以不少作家流亡國外，多數則飢寒交迫而死。高爾基早期曾保護了一部分作家，但也沒有能支持多久。令人詫異的是：在整個二十年代，俄國作家群在保衛文學自主性和作家自由方面，仍然毫不妥協，儘管其中不少人對新政權並不持敵意，有的甚至還抱著同情的態度（可看 Richard Pipes, *Russia under the Bolshevik Regime*, New York: Alfred A. Knopf, 1994, pp. 286–7; 298–303）。我想這祇有一個解釋，即俄國文學界的精神傳統十分強大，即使是列寧和斯大林也祇能作到表面的控制，而不敢

徹底摧毀其精神。

這一推想在前引柏林與俄國作家談話錄中更得到進一步的證實。一九四五年柏林和不少俄國作家——特別是帕斯捷爾納克和著名女詩人阿赫瑪托娃 (Anna Andreevna Akhmatova) 交談時，他們都能毫無忌憚地傾訴久被壓抑的情感和思想。柏林注意到，所有接談的作家都從不用「蘇聯」兩字，祇稱「俄國」，可見他們並不認同於布爾什維克政權。帕斯捷爾納克還鄭重聲明，他雖然存活下來，卻並未向當局屈服。很顯然地，向當局妥協，在他看來是最大的恥辱。柏林和女詩人的長夜交談還造成了重大政治事件，因為引起了斯大林的憤怒。然而她事後也沒有受到嚴厲的懲罰。一九六四和一九六五年，蘇聯當局還允許她到意大利領取文學獎，到英國牛津大學接受榮譽學位。總之，俄國作家雖然被剝奪了發表的自由，他們的精神卻未被徹底摧破。如果沒有一個強大的傳統在後面支持著，這種情形是不可想像的。

在前蘇聯的對照之下，我們才能體會到再復找回他那顆「真實而自由的靈魂」，是多麼艱辛的一段旅程。《西遊記》裏的唐僧經過八十一難然後才「九九歸真」，再復的心路歷程正可作如是觀。中國現代文學的歷史短淺，並未形成一個與政治權勢相對抗的傳統。一九四九年以後，除了胡風曾奮戈一擊，爭取創作的自由之外，其餘的作家，無論情願還是不情願，都已淪為「革命事業的齒輪和螺絲釘」——這也是毛澤東《在延安文藝座談會上的講話》所強調的論點。胡風的上書則恰好給毛一個直接懲治作家的機會。毛與列寧、斯大林不同，對中國傳統中的「誅心之論」有極深的認識；他知道中國文人、士大夫往往「口是心非」，在征服者的面前常持一套「身降心不降」的對應之道。因此列、斯祇要制服作家的身體及其行動便已滿足，毛則更進一步，要他們「交心」，非把他們的靈魂弄得支離破碎不肯罷手。再復從小便在「黨」的意識形態的全面包圍下成長起來，而且包圍得密不透風。因此他不但對「共和國」「充滿感激之情」，而且「熱愛紅旗下的生活」；他的紅領巾一直戴到十八歲，比別的孩子多三年（見《人生分野與三項自由》）。等到他的靈魂開始覺醒的時候，舉目四顧，則全是一片精神廢墟。他在這樣的條件下竟能一步一步地由「漸悟」走到「頓悟」，而且「悟」得如此徹底，實在不能不說是一個奇迹。

再復《思想者十八題》即將問世，他要我寫幾句話在前面，作為介紹。我細閱全稿，決定把他從「必然王國」回到「自由王國」的一段經過發掘出來，聊為讀者之一助。最後讓我引百丈懷海禪師答弟子之問，以終此序：

問：「如何得自由分？」師曰：「如今得即得。」（《五燈會元》卷三）

如何參透此禪機，是在善解者。

二〇〇七年五月十四日序於普林斯頓

（劉再復《思想者十八題——海外談訪錄》，香港，明報，二〇〇七）

周素子《右派情蹤——七十二賢人婚姻故事》序

周素子女士從紐西蘭來信，希望我為她的《右派情蹤》寫序，以紀念「反右」運動五十周年。除了《北京之春》上發表的幾篇〈右派情蹤〉之外，她還寄來〈記當代才女張允和女士〉一文，提到三十年前允和女士與我唱和《不須曲》的往事，引起了我的一點回憶：

大約在一九六八年左右，允和女士的四妹充和女士到哈佛大學來演出崑曲《思凡》和《游園驚夢》。那時正值大陸上「文革」如火如荼之際，我不免深有感慨，在演出後寫了兩首詩贈給充和。其中第一首是這樣寫的：

一曲思凡百感侵。京華舊夢已沉沉。

不須更寫還鄉句，故國如今無此音。

「文革」結束以後，充和才敢把這首詩和海外相關的唱和諸什一同寄給她的二姐。一九七七年秋天我從哈佛轉到耶魯任教，和充和時相過從。有一天她忽然交給我一疊詩稿，說是大陸上不少人和我的原作，因為每首都用了「不須」兩字，她戲稱之為《不須曲》。我一一展卷誦讀，真是琳瑯滿目。而且墨跡出於戲曲名家許姬傳先生（即《梅蘭芳舞臺生活四十年》的作者）之手，更使我受寵若驚。其中允和女士一人便和了兩首，茲錄其第一首於下：

十載連天霜雪侵。回春簫鼓起消沉。
不須更寫愁腸句，故國如今有此音。

現在我讀了素子女士〈記當代才女〉一文，才確知這兩首和什都寫在一九七八年春天，恰值她到南京觀賞了「文革」後首次上演《牡丹亭》，興奮之餘，不能自已。「十載霜雪」當然是指「十年浩劫」而言。這一年的十月中到十一月中，我參加了美國「漢學研究考察團」到中國大陸訪問，回程時曾在北京機場與允和女士匆匆一面。素子女士在文中已有所敘述，這裡便不多說了。

素子女士和我原不相識，但由於愛好崑曲之故，很早便參與了俞平伯先生所發起的北京崑曲研習社，與允和女士先後有五十多年的密切交往，因而成為《不須曲》的最早讀者之一。張充和女士是我最敬重的一位文學家和藝術家，她的先生傅漢思教授（Professor Hans Frankel）和我在耶魯共事十年；他們兩位都是我們一家的好朋友。所以我很珍惜這一段《不須曲》的文字因緣。素子女士在向我索序的信中也和了一首《不須曲》：

感念平生百事侵。人琴消息幾低沉。
不須惆悵陽春曲，猶盼高雲賜好音。

這樣委婉陳詞使我不能不寫這篇短文以報其誠。

素子女士本來計劃寫一百篇文字，紀念她親見親聞的「右派」朋友的悲慘遭遇，已完成了七、八十篇，從已刊布的篇章來看，她事實上是為每一位朋友都寫了一篇小傳。其重點則在描述傳主怎樣在殘酷迫害下身毀名滅以至家破人亡的經過。每一位傳主的遭遇都不一樣，但卻同是「反右運動」的結局。整體地說，這部《右派情蹤》為「反右」的歷史保存了十分珍貴的原料，足供後世史家的採擇。

據官方的數字，「右派分子」共五十五萬人。但這數字決不可靠。就我先後閱覽所及，這個數字至少應該加倍，甚至更多。但是在這百萬以上的「右派」之中，有名有姓的最多不過幾百人，大概都是當時報紙上點名批判過的。其餘的則都成了無名英雄，不過是一種抽象的統計數而已。但是歷史記憶必須通過具體的個人和他們的生活狀況才能真正地保存下來，否則決不可能在後世讀史者的心中留下深刻難忘的印象。《右派情蹤》一書便給「反右」名單增加了近百人的個案，這是很重要的貢獻。當年有資格成為「反右」的受難者，今天至少已在七十歲以上。因此我迫切地期待著至今仍倖存的受難者都能聞素子女士之風而起，把他們周邊的難友一一記錄下來，使「反右」成為一段有血有肉的歷史，永遠活在中國人的記憶之中。這是所謂「活死人，肉白骨」的偉大事業，其功德是無量的。

素子女士來信時，我恰好寫了四首七絕，紀念「反右」五十年。我個人對於「反右」的理解和判斷大致已濃縮在這四首詩中。現在附寫在後面，作為這篇短序的尾聲：

「反右」五十年感賦四絕句

「右袒香肩夢未成」（陳寅恪詠「反右」句），
負心此夕淚縱橫。
世間多少癡兒女，
枉托深情誤一生。

未名湖水泛輕漚，
池淺龜多一網收。
獨坐釣臺君不見，

休將劫數怨陽謀。
橫掃斯文百萬家，
更無私議起喧嘩。
九儒十丐成新識，
何處青門許種瓜。
辱沒冤沉五十年，
「分明非夢亦非煙」（鄧拓告別《人民日報》句）。
人亡家破無窮恨，
莫叩重閽更乞憐。

二〇〇七年六月七日於普林斯頓

（周素子《右派情蹤——七十二賢人婚姻故事》，香港，田園，二〇〇八）

《周有光百歲口述》序

能有機會為《周有光百歲口述》寫序，這是我最感榮幸也最覺高興的事。

二十世紀是中國人受苦受難的世紀，內憂外患紛至沓來，幾乎沒有一天停止過。在這樣一個人人朝不保夕的漫長亂世中，竟有一位百二高齡的老人將他一生的經歷，用生動的語言，娓娓道來，思路之清晰，判斷之明確，絲毫不顯衰老之象，這真是人間一大奇迹。何況這不是普通的老人，而是世界知名的漢字改革家周有光先生！

有光先生的《漢字改革概論》不但有精審的日譯本，其中重要的篇章也有德譯本和英譯本。今天漢字拼音已通行全世界，有光先生從一九五五年起便在中國文字改革委員會中擔任拼音化研究室的主任，一九五八年完成的「漢語拼音方案」，他是貢獻最大最多的主將。所以今天一提到漢字改革和漢語拼音，無論是中國人或外國人，首先便會想到有光先生的大名。幾年前，美國名作家何偉 (Peter Hessler) 擔任《紐約客》(*The New Yorker*) 駐北京記者，他為了研究中國文字改革的前因後果，便費了好幾天的工夫對有光先生進行專訪。有光先生許多精闢的見解現在都已收在何偉新著《甲骨》(*Oracle Bones*, New York, Harper Collins, 2006) 中了。有光先生在亂世中做出了輝煌的建設成績，這件事的本身更是奇迹中的奇迹。對於這樣一位百齡老人的口述自傳，我們是決不能等閒視之的。

有光先生受到了最完整的從傳統到現代的過渡教育。他在常州中學一方面獲得扎實的中國古典訓練，另一方面又直接讀英文本的世界史和自然科學；兩年聖約翰大學則使他受到西方自由教育的熏陶，「學會了自學，學會了獨立思考」。他在聖約翰時期已決定以經濟學為專業，以後在光華大學和到日本京都大學深造，都一直沒有改變。抗戰時期，他進入銀行界工作，以實際經驗與書本知識相結合，他對於中國經濟問題的認識當然更深入了。更難得的是他戰後到美國信託銀行就業，仍孜孜不息地利用業餘時間在圖書館中自修經濟學。他為什麼如此鍾情於銀行、貨幣、國際貿易等等科目？這並不是因為他貪圖銀行界的高收入，如果唯此是圖，他便不會在一九四九年衝破一切阻力回歸中國了。早在大學時代，他已建立了一個堅固的信念，致力於中國的現代化。他認定中國現代化的出路最後必然要歸宿到經濟建設，他決心獻身於這一崇高的目的。

他在中學時代接受了「五四」的洗禮，完全認同於「民主」和「科學」。但是他追求「現代」而不鄙棄「傳統」。對於五四運動中一股反傳統、「打倒孔家店」的激進思潮，他卻不表同情。此中關鍵便在於他自始便重視「建設」，而不肯隨波逐流地走「破壞」的路向。很顯然地，他心目中的「現代化」是怎樣使中國的傳統逐步轉化為「現代」。他從來沒有相信過那種粗暴的狂想，認為只有把「傳統」摧毀得一絲不剩，然後中國才能開始「現代化」。我可以毫不遲疑地說，他是真正從「傳統」成功過渡到「現代」的知識人。

從一九四九年到一九五五年，他在上海仍然是一面從事於經濟學的教研工作，一面在銀行界服務。一九五五年他應召到北京開全國文字改革會議，然後留下來參加新成立的文字改革委員會的工作，從此由經濟學轉業到語言學，他後半生的道路便完全改變了。中途改業，從經濟專家變成了語文專家，在一般人來說，簡直不可想像，但對有光先生而言卻是再順理成章不過的事。這得力於他早年所受到的「自由博雅」(liberal arts) 的教育。他在聖約翰時已對語言問題發生了深厚的興趣，修過課，也寫過文章。在三十年代他更正式參加了拉丁化運動，通過「獨立思考」，他提出了不同的意見，主張方言拉丁化必須互相溝通，在當時發生了相當的影響。語文雖是他的業餘愛好，但這個愛好已「淪肌浹髓」，和他的生命融合為一，再也揮之不去了。所以他戰後到英國旅行，竟收集了不少關於字母學的著作，這是在中國知識人視野之外的一門學問。關於改業，他在《口述》中說：

一九五五年，我來開文字改革會議，開完改行留在北京，那是意料之外。不過既然是來了，我就要改變。我認為語言學方面還是要更新，因為整個中國要變成一個現代化的國家，每個方面都要更新，經濟方面當然是最主要的，語文方面當然也很重要，但是不如經濟這麼規模大。

我認為這一段話特別重要，把他一生的主要精神點出來了。從早年到老年，他一直在追求中國現代化的建設。經濟最根本，所以他選擇了經濟學為專業；語文是現代化的利器，因此成為他的副業。但是一九五五年他大概已感到經濟這條路是走不通的了，退而求其次，他終於接受了以副業為專業的安排。這裡必須注意的是：他的專業雖然改變了，專業背後的原動力則仍然一以貫之，即中國現代化的建設。正是由於他深信中國現代化「每個方面都要更新」，他退休以後閱讀的範圍越來越大，寫作的領域也越推越廣，《周有光文化論稿》和《百歲新稿》便是最有力的見證。總之，現代化建設是他的終極關懷，即漢末李固所謂：「悠悠萬事，唯此為大。國之興衰，在此一舉。」對於此一大事，他真做到了「造次必于是，顛沛必于是」的地步。

從公共生活轉到私人生活，有光先生的轉業則是他生命中一大轉機。如果他繼續在上海從事經濟學的教研，又參與銀行業務，兩年後的「反右」劫運無論如何也是逃不過的。當他在上海的舊友或自殺或受罪的時候，他卻能在一個特別受保護的機構中安靜地作研究。難怪朋友們都說他「命大」了。即使在「文化大革命」中下放寧夏兩年多，因為周恩來的特別關照，他還是受到了一定程度的優待，是其他勞改犯所望塵莫及的。但更重要的是他因此保護了夫人張允和女士。早在「三反」、「五反」運動中，允和女士已受到衝擊，有光先生非常體貼，知道她經不起一輪接一輪的政治波浪，毅然讓她退職家居。這真是一個最明智的決定。正如她所說的：「如果我沒有及早下崗，如果『文革』時我還在工作，那我必死無疑，不是自殺就是被整死。」她最後享高壽至九十有三，不能不歸功於有光先生的當機立斷。因為中年便退隱了，允和女士才有機會參加了俞平伯先生所組織的昆曲研習社。除了「十年浩劫」期間，她的主要精力都投向昆曲研究上面，過的是「君平忘世，世亦忘君平」的藝術生活。亂世而猶能有此，不能不說是異數了。

我必須說到允和女士和昆曲，序文才能轉入我和有光先生與允和女士的一段文字因緣。有光先生的《口述》居然提到我的名字，使我意外的驚喜，李懷宇在〈追憶的腳注〉中又引了允和女士一九七八年十一月十七日的日記，寫下了她和我在北京機場匆匆一面的情景，更使我感到一股溫暖的情誼。現在回想起來，我和二老見面的時間一共不到十分鐘，允和女士所記與我交談的內容完全是實錄。至於有光先生，我大概除了一握手之外，連說話的機會也不曾有。這是我生平很遺憾的一件事。

這一段文字因緣的故事必須從張充和女士說起。有光先生說得十分準確：「張家四姐妹的名氣很大，不光在中國，在外國都有很大的影響。」四姐妹中我聞名最早、相識最久、相知最深的則是充和。如果我的記憶不誤，我和傅漢思晤面還在和充和之前，那是漢思從西岸斯坦福大學移席東岸耶魯的時候，大約在一九六二年。漢思研究漢賦和樂府，我當時的研究重心也在漢代，哈佛和耶魯又相距不遠，我們在學術上的交往是相當密切的。我和充和見面雖稍晚，但由於師友淵源的關係，可以說是「一見如故」，成為忘年之交。大概是一九六八年，充和到哈佛演出《思凡》、《游園驚夢》兩齣。那時大陸上「文革」正進行得如火如荼，所以我在贈詩中有「不須更寫還鄉句，故國如今無此音」之句，表達了一時的感慨。一九七七年我從哈佛轉至耶魯任教，和充和與漢思時相過從。一九七八年有一天，充和忽然笑吟吟地交給我一沓詩稿，說是大陸上有不少人和我的詩，因為每一首詩中都用了「不須」兩字，所以她戲稱之為《不須曲》。原來充和曾將我的兩首詩和其他一些有關昆曲演出的詩作寄給她的二姐允和女士，引起了北京昆曲研習社朋友們的興趣，不少人都有和作，因為那時昆曲剛剛在大陸上復活了。展卷誦讀，真是琳瑯滿目，而且墨迹出於戲劇名家許姬傳先生（即《梅蘭芳舞臺生活四十年》的傳述者）之手，更使我受寵若驚。在這卷《不須曲》中，允和女士一人便寫了兩首，懷宇已引在〈腳注〉中。第一首「不須更寫愁腸句，故國如今有此音」，更是對我的直接答覆，流露出對昆曲重獲新生的無限喜悅。

天下事無巧不成書，去年五月間，我忽然收到紐西蘭周素子女士的一封信，附有她最近寫成的〈記當代才女張允和女士〉一篇文稿。周女士是昆曲研習社的社員，與允和女士先後有五十多年的交遊，對她十分敬愛。周女士也是當時《不須曲》的一位讀者，因此和我通信並寄這篇文稿給我。讀了〈記當代才女〉，我才知道一九七八年春天《牡丹亭》在南京演出，是「文革」後的第一次，允和女士特地趕去觀賞，回北京之後，興奮不已，於是寫下了「故國如今有此音」的詩句。這是《不須曲》和什的緣起及其具體的語境和事境。

《不須曲》的唱和發生在太平洋兩岸的兩個極小的文化社群之間，既不為局外人所知，更談不上什麼社會影響。然而作為一個小小的文化事件，它也未嘗沒有一點發人深思的啟示。時隔十年，地去萬里，唱者和者彼此初不相識，卻在頃刻之間共躋於「心有靈犀一點通」的精神境界。這似乎顯示：對於真、善、美的嚮往與追求確是「人同此心，心同此理」。這是永恆的人性，沒有任何強大的外力能把它長期鎮壓下去。

我很珍惜這一段文字因緣，故略道其始末，算是這篇序文的「曲終雅奏」。

二〇〇八年三月十六日敬序於美國普林斯頓

（周有光口述．李懷宇撰寫《周有光百歲口述》，桂林，廣西師範大學，二〇〇八）

熊式輝《海桑集：熊式輝回憶錄(1907–1949)》序

——興亡遺恨尚如新

熊天翼先生(以下簡稱「作者」)《海桑集》是一部歷史價值最高的回憶錄，比一般老人晚年自傳或口述歷史更為翔實可信。我說這句話並不是虛詞溢美，而是根據兩重理由。第一，這部回憶錄的原始材料是作者從一九〇七至一九四九年的日記中摘錄出來的；日記為當時之筆，因此所記的「言」與「事」最接近客觀的真實。不但如此，日記是一天一天地積累起來的，不可能事先有任何計畫或構想，因此和自傳的性質完全不同。老年人寫自傳，往往在有意無意之間想把自己的一生呈現為某種特定的公共形象；然後再在這一設計下，選擇一生中某些言行作為回憶的重點，去取之間，主觀的要求，有時竟超過了客觀事實的限度。本書作者雖然也有去取選擇，但他的基礎是幾十年的客觀記載，下筆時不可能過於任意，至少主觀的成分已減至最低的程度。本書基本上由日記原文所構成，再加上作者隨時隨地引當時的函電為證，這更為回憶的可信性增添了一重保證。我必須指出，作者所保存的函電，特別是他與蔣介石之間的往來文件，正屬於史學上所謂原始檔案，其價值之高是無與倫比的，必將受到將來史學家的重視。

第二，作者在〈敘言〉中說，這部回憶錄取材於日記的部分「偏重在國民革命有關之事，即自辛亥革命、護國、護法、北伐、剿匪、抗戰諸役，以及大陸淪陷。凡屬於當時國家軍、政乃至黨務之見聞，皆屬身所經歷者」。作者不但在日記中對上述每一重大事件都保存了忠實的記錄，而且有時還留下了有趣的細節，讀來十分生動。例如一九一一年武昌起義前，他在南京讀陸軍中學，還加入了同盟會；革命爆發後，他和同學們前往漢口，在船上還結識了與孫中山齊名的黃興。臨別時黃興稱許他為「志士」，他事後也寫了兩首七言絕句，紀念在船上高談闊論的情況。日記中這一條描寫，將百年後的讀者帶回了當時的場景，使人彷彿感受到國人對中華民國創建的那種歡欣鼓舞的情緒。作者這時大概衹有十八歲，但政治思想已開始定型；他學的是軍事，卻已具有很好的中國傳統文史的修養。即以少作的兩首詩而言，他已掌握了舊詩的基本格律。回憶錄中還保存了不少其他詩作，其中也不乏警句。這位亦文亦武的少年「志士」為辛亥革命攝下一個快鏡頭，作為《海桑集》的開端，是很可寶貴的。如果從辛亥革命算起，《海桑集》的記事包括了中華民國在大陸上創建以至滅亡的全部歷程。但以記事的深度與廣度而言，作者的回憶其實是從他一九二五年到廣州參加國民革命運動開始的。所以嚴格地說，《海桑集》不折不扣地是一部國民黨政權的興亡史。這部興亡史當然是通過作者個人的觀點寫出來的。但由於作者在國民黨政權中佔有非常特殊的地位（見後），他的觀察完全從內部的最高層次得來（即所謂"the insider's view"），決不是一般從外面作冷眼旁觀所能企及的。更由於他的觀察建立在親身體驗和日積月累的史料之上，國民黨在這二十多年中的成敗關鍵早已在他的胸中凝聚成一幅確定的整體圖像。我們必須記得，作者根據日記整理出這部回憶錄時（一九六九年），他已退出政壇整整二十年了，而大陸上則正在如火如荼地進行所謂「文化大革命」之中。所以這是作者在痛定思痛之餘的一部反思之作；「超以象外」，故能「得其環中」。

善疑的讀者也許會追問：我們如何能確定日記中敘事的真實性呢？我可以很負責地

說：就我所讀過的相關記載而言，《海桑集》中的重大事件大致都可以得到印證，最使我驚異的是作者一九四二年四月二十一日晚間在華盛頓與胡適大使的四小時長談。日記中詳記胡適揭發宋子文在美國種種爭功弄權的表現，其中每一個細節都是我曾在《胡適日記》中讀過的，分毫不差。由於這一段記述得到百分之百的證實，我對本書敘事的忠實是十分信任的。

我是最喜歡讀傳記，特別是自傳的人，每讀重要人物的自傳，我首先便注意作者所運用的史料。以我所讀過的西方自傳來說，我發現日記和親友函札幾乎毫無例外地構成了它們的基本材料。讓我舉一個最近的實例。剛剛去世一年的施勒辛格(Arthur M. Schlesinger, Jr., 1917–2007)是美國史學界、文化界和政界的一位重要領袖。一九六一年他暫時棄學從政，成為甘迺迪的「總統特別助理」，參與了美國政府的最高決策，甘迺迪死後，他雖然仍回到教研崗位，但一直在民主黨的政治世界中佔有舉足輕重的地位。二〇〇〇年他出版了回憶錄上冊(*A Life in the 20th Century: Innocent Beginnings, 1917–1950*)，他在〈前言〉中說，此書主要取材於日記、備忘錄之類。但由於健康關係，下冊始終未能動筆，二〇〇六年秋天，他的兩個兒子在他的指導下，將六千頁的日記編寫成八百多頁 (Arthur M. Schlesinger, Jr., *Journals, 1952–2000*)，算是回憶錄的下冊。《日記》殺青尚未及出版，他已去世了。這部《日記》事實上也是一部二十世紀下半葉的美國政治史，生動與可信並不遜於上冊。我覺得熊天翼先生的《海桑集》在很多方面都和施氏的《日記》可以相比。

現在讓我對本書作者作一點最簡單的介紹，使一般讀者可以進一步認識這部回憶錄的歷史價值。一九四九年以後出生的讀者今天大概對「熊式輝」這個名字都很陌生，很可能從來沒有聽見過。這是因為作者自一九四九年以後便過的是退隱生活，姓名已不再出現在公共媒體上了。但是從一九二六年國民黨在廣州發動「北伐」到一九四九年國民黨政權撤退到臺灣為止，這二十五年間作者則一直居於權力核心的位置。早在北伐之始，他已取得蔣介石的信任，在江西、福建、浙江等處立下戰功。一九二七年國民革命軍從南京出發，攻克濟南，他也在蔣的參謀總部之中。他曾在日本陸軍大學進修三年（一九二一至一九二四年），不但認識日本甚深，而且富有現代知識。所以當日本軍隊在濟南阻撓北伐，造成慘案的嚴重關頭，他臨危受命，以代表身分兩度入日營談判，展現了折衝樽俎的才能。不但如此，在北伐前後，他又不斷運用靈活的政治手腕，為蔣調處了不少黨內外的糾紛和衝突。因此他的重要性逐步從軍事推廣到黨務和政界，終於成為蔣所依賴的少數「智囊」之一。在國民黨的歷史上，他往往被視為所謂「政學系」的一個重要成員，連美國國務院一九四九年所公布的《白皮書》也是這樣認定的。但作者在回憶錄中卻一再否認「政學系」的存在，他所列舉的理由是相當堅強的（見本書第六編第二章第二節，並參考唐德剛，〈政學系探源〉，《觀察》雙月刊，二〇〇八年一月五日出版，頁六三——七二）。無論真相如何，他在相當長的時期中，曾是蔣所最信任的高層人物之一，則是無可否認的。他時時有機會與蔣單獨談話，並且在重大決策的關頭提出個人的意見。蔣對他自然不能說是言聽計從，但尊重他的看法則是可以肯定的。特別是在抗戰時期的重慶，蔣曾在不同階段交給他種種不同的任務，大致可以分為三個領域：第一，關於政府和黨內的政治設計和重大人事任命，蔣必特別徵詢他的意見。第二，與其他黨派溝通，如共產黨、民主同盟、民社黨、青年黨等，他是最高負責人，一九四三年六月十六日他和周恩來在張治中寓所進行了三小時的談話，記錄保存在《海桑集》第四編第三章，是一篇重要的歷史文獻（周善於解除敵人的防範心理，在談話中表現得十分清楚）。第三，在國際交涉方面，一九四二年三月他率領軍事代表團訪美；一九四五年八月以軍事代表的身分赴蘇，參與中蘇友好條約的簽訂。這是軍事外交方面兩個非常重要的任務。綜合以上三點，可知蔣對他的倚重是全方位的；他居於當時的權力中心，毫無可疑，他的回憶錄之所以具有特殊的歷史價值，即在於此。

上面已說過，《海桑集》是一部國民黨政權的興亡史。反過來看，國民黨政權在大陸上興起與滅亡也就是共產黨從二、三十年代的挫敗到一九四九年席捲整個中國大陸的全部過程。本書作者於恰好在共產黨由敗到勝的兩個關鍵時刻都是歷史的積極參與者。因此本書第二編第二章〈剿共與國內之牽制〉和第五編〈抗日勝利與東北禍患之勃發〉是最值得細讀的兩個部分。我讀了這兩部分，真有滄海變為桑田的實感，不禁想起了陳寅恪「興亡遺恨尚如新」的詩句。

一九三〇年以後，中共的主力集中在江西瑞金一帶，並正式在瑞金成立「中華蘇維埃共和國」。所以在北伐告一段落之後，蔣決定了江西「剿匪」的政策，從一九三〇年十一月到一九三四年十一月攻下瑞金為止，一共進行了五次圍剿。本書作者則在一九三一年十二月自告奮勇，出任江西省主席，為鄉梓效勞。他回江西時正值第三次圍剿期間，但由於「九一八」日本侵佔東北，蔣被迫辭職以謀黨內團結，圍剿的事自然祇有暫時擱下。第四次圍剿始於一九三三年六月，與同年十月所訂的「第五次圍剿計畫」事實上是連續的，不妨合稱之為後期圍剿。本書作者在後期圍剿（一九三三年六月至一九三四年十一月）中以省主席兼南昌行營辦公室主任的身分承擔了與共產黨正面作戰的任務，吸收了前三次的失敗經驗，這次圍剿採取了軍事與政治雙管齊下的新戰略。當時軍事的要點在碉堡封鎖，政治的要點則在發動民眾。這一新戰略終於奏效，使紅軍無法再在江西存身，祇有突圍向西北流竄，即中共一貫宣傳的所謂「長征」。本書在這一章的敘事雖然稍嫌簡略，但大體的輪廓是相當真實的，毫無自我誇張之處。我為甚麼能說這樣肯定的話呢？這是因為有其他客觀史料可與作者的日記互相印證。青年黨領袖之一李璜在一九三四年九月從四川到江西南昌行營訪問，由作者安排他考察了收復地區的實際情況。他證實了組織民眾和碉堡封鎖兩大措施確是逼使毛澤東、朱德的紅軍逃出江西的主要因素，他因此還寫了一本《江西紀遊》的小冊子提供四川當局參考（見李璜，《學鈍室回憶錄》，臺北，傳記文學，一九七三，頁二二二——二三四）。

作者在本章第四節，論及「匪區的真實情況」，指出共產黨雖然以「分田分地」為號召，卻並沒有得到農民的真心支持。這一情況甚至出於作者最初的預想之外。這也是很可靠的實錄，足以打破中共宣傳的神話。關於這一點，更有數不清的史料可以支持作者的觀察。李璜記徐向前紅四軍在四川東北部的情況與江西完全一致（同上，頁二一二——二二〇）。讓我再舉兩個來自當時江西「蘇維埃」內部的報告來印證本書的敘事。

第一是伊羅生 (Harold R. Isaacs) 的經典著作：《中國革命的悲劇》(*The Tragedy of the Chinese Revolution*, Revised Second Edition, Stanford University Press, 1961)。伊羅生是二十年代到中國來推動共產革命的一個人，與第三國際有密切的關係。「革命」失敗以後，他在上海住了很長的一段時期。通過共產黨內的劉仁靜，他收集了許多內部文件，特別是江西紅區的報告，他的書便完全建立在這些文件之上。他指出，井崗山的「紅軍」與農民之間根本格格不入，加入了「紅軍」的農民不斷逃亡，而農村中人包括農民在內，不但不支持「紅軍」而且還把他們當作「土匪」來攻擊（同上，頁三二五——三二六）。

第二是追隨毛澤東在井崗山「革命」的龔楚（後來是紅七軍軍長），最後因為實在受不了中共在農村的殘殺而脫離了黨。他告訴我們：他當時是組織並策動過「蘇維埃」運動之一人，中共所吸收的都是農村中的「流氓地痞」，老實的農民根本不肯加入，而「採取躲避觀望的態度」。所以地方蘇維埃的重要幹部和農會、工會的主席都是由這些「流氓地痞」構成的（見《龔楚將軍回憶錄》，香港，明報，一九七八，下卷，頁五六六）。這是參與其事者的直接供證，其可信性是很高的。一九二九年二月二十五日，中共內部報告說：江西中共黨組織中的農民包含了許多「幫會」分子，便是一個最有力的旁證（見高華，《紅太陽是怎樣升起的》，香港，香港中文大學，二〇〇〇，頁三所引《楊克敏關於湘贛邊蘇區情況的綜合報告》）。

所以中共黨內批評毛澤東在江西發展的是「農民黨」或西方左派認定中共領導的是「農民革命」，都是不準確的，經不起分析。這不是否認中共軍隊中有農民，而是說這些農民是在中共武裝暴力所到之地被裹脅進來的：中共早期幹部的成分主要是農村的邊緣分子，即「流氓地痞」。中共在中國各地流竄了二十多年，都是靠槍桿子再加上從蘇聯移植送來的一套殘酷的組織方法——包括一而再、再而三地殘殺內部的所謂「階級敵人」。沒有任何證據顯示：中共武力所到之處曾得到人民或農民的竭誠擁護。

《海桑集》關於江西圍剿的一編固然是重要的實錄，第五編有關戰後中國政府接收東北的詳細記錄更為史學家提供了不少極為珍貴的史料，尤其是他與蔣介石之間的往來函電。國民黨政權何以在抗戰勝利後四年之內便全面崩潰？中共又為甚麼能在同一短時間內奪取大陸？我們在這一編中都可以找到解答的線索。

一九四五年八月日本投降後，作者被任命為東北行營主任，理論上是黨、政、軍的最高長官，負責接收整個東北。這可以說是他一生中最重要的一次任務。但他交涉的對象不是日本或偽滿洲國，而是蘇聯。一九四五年一月至二月，美、蘇、英三國元首在克里米亞的雅爾達 (Yalta) 舉行會議，訂下了一個秘密協定。美、英要求斯大林出兵攻打日本而同意蘇聯租借旅順、大連，並共同管理東北的主要鐵路幹線，同時也允許外蒙古獨立。這個協定涉及中國的主權和利益如此深遠，但事前竟完全沒有讓中國政府與聞其事，直到一個多月後美國政府才通過中國駐美大使把協定的內容傳達給重慶當局（見本書第四編第二章〈共同抗日期間之中國〉）。八月六日美國在廣島投下了第一顆原子彈，日本投降已迫在眉睫，蘇聯才在兩天後對日宣戰，出兵佔領東北。六天以後（八月十四日）日本便投降了。所以蘇聯以雅爾達協定為護符，未開一槍，便將整個東北置於它的武力控制之下。

根據八月十四日斯大林和宋子文共同簽署的雙方會議記錄，進佔東北的蘇軍當於三星期內開始撤退，最多三個月必完成撤退。本書作者即以此項記錄為指導原則，於十月十二日飛抵長春，與蘇方統帥馬林諾夫斯基（Malinovsky）商談接收事宜。作者在十三日的日記中寫道：

十三日午後一時為禮貌上的拜訪馬林諾夫斯基元帥於舊日本關東軍司令部。彼以戰勝國對佔領地的態度，作無恥的傲慢，未來回拜，即約午後三時至六時在彼司令部會談。

祇讀這一條日記，作者當時所受的屈辱及其憤怒已躍然紙上，談判不可能有任何結果，也可以推想而知。詳細的情況讀者可細閱原書，這裡祇能略作概括。首先，蘇方對於三個月內撤離東北的承諾，一而再，再而三地失信拖延，直到一九四六年四月底蘇軍才完全退出東北。在蘇軍佔領的八、九個月中，他們做了下面三件大事：一、將日本在東北建置的重工業設備幾乎全部拆卸，運回蘇聯。二、儘量阻止國軍進入東北，無論海、陸、空都強予封鎖。三、除全力幫助中共在東北各地發展地下武力與組織外，同時也大量運中共軍隊進入東北以對抗未來的國軍力量。作者有一段簡要的敘述，足以說明當時的形勢：

東北共軍，在日本投降以前，僅熱河南部有李運昌部約三千餘人。卅四年（一九四五）十月上旬，林彪、張學思、李運昌、聶榮臻、呂正操等，始先後由蘇軍空運達東北，組織民眾，當時各地所謂非法武力，不過二萬餘人。其後用強制手段，壓迫民間武力參加，及在蘇軍支援之下，至十一月底即增加至十五萬餘人。及十二月國軍出關開始接收，彼又積極擴充，由山東、熱河方面潛運兵員，由蘇軍接濟武器及掩護。截至卅五年（一九四六）二月止，已約有四十五萬餘人。（見本書第五編第一章第三節）

這段敘述當是綜合當時的情報而成，以作者東北行營主任的身分而言，是絕對有權威性的。由此可知，國軍尚未出關，蘇聯早已先讓中共接收了東北。到一九四六年三、四月間蘇軍撤出瀋陽、四平街、長春等大城市時，中共已有四十五萬兵力遍布東北各地，對於出關的國軍已處於「以逸待勞」的絕對優勢了。中共在戰後與國民黨爭天下，以東北為始點，所以「遼瀋戰役」之後才有「平津戰役」，最後則是「淮海戰役」。《海桑集》第五編使我們清楚地認識到：中共由敗轉勝的關鍵全在蘇聯的直接扶持（本文印出後我才讀到何方《從延安一路走來的反思》一書，其中記述中共進入東北的經過，和熊式輝的情報完全吻合。據何方的回憶，蘇聯「除不公開地對我們進行力所能及的援助外，還設法遲滯國民黨軍隊北上，例如不准他們在大連登陸」。他又說：「我們在離開延安時中央首長就說，有了東北就有了全中國。因為東北的外部環境是背靠蘇聯，我們革命的勝利和將來建國都得依靠老大哥。……後來的事實也證明，解放全國的三大戰役，更具攻堅性的兩大戰役，遼瀋戰役和平津戰役，都是來自東北的四野打的。」最後他很正確地解釋，國民黨派兵出關時，「它終究晚了一步，在這之前我們冀熱遼的部隊已經進了瀋陽，同時還從山東、蘇北等地抽調十一萬大軍，海陸並進開赴東北。中央更派了近三分之一的（二十名）中央委員和候補委員以及兩萬名各級幹部到東北工作」。頁一五五）。從作者所提供的一切證據，我們可以毫不遲疑地說：如果不是雅爾達協定賦予斯大林以進兵東北的特權，中共至少不可能在短短四年之內席捲整個大陸。中共最後戰勝國民黨既不是因為它早已為民心所歸，也不是由於它代表了「不可抗拒的歷史潮流」。在兩黨相爭的二十多年中，許多偶然的歷史因素在其中發揮了決定性的作用。一九五〇年九月六日胡適給傅斯年夫婦的一封信說：

> 夏間發憤寫了一篇長文給 *Foreign Affairs* 十月號發表，題為 "China in Stalin's Grand Strategy"。主旨是要人知道中國的崩潰不是像 Acheson 等人說的毛澤東從山洞裡出來，蔣介石的軍隊就不戰而潰了。我要人知道這是經過廿五年苦鬥以後的失敗。這段廿五年的故事是值得提綱挈領說一次的。我要人知道在這廿五年的鬥爭裡，最初二十多年處處是共產黨失敗，蔣介石勝利。第一個大轉捩是西安事變，斯達林命令不得傷害蔣介石，主張和平解決。（《白皮書》頁四七，又頁七一至七二）此舉決定了抗日戰爭，保全了紅軍，並且給了紅軍無限的發展機會。第二個大轉捩是耶爾達

(Yalta)的密約，斯達林騙了羅斯福，搶得滿洲、朝鮮，使紅軍有個與蘇俄接壤，並且在蘇俄控制下的「基地」。「耶爾達密約」決定了滿、韓的命運，決定了整個中國的命運，也許決定了整個亞洲的命運。（見《胡適全集》，合肥，安徽教育，二〇〇〇，頁二五、四五）

胡適的整體觀察是很有說服力的，這部《海桑集》則以無可辯駁的事實證實了這一觀察。

限於時間和篇幅，我對本書的評介不得不止於此。但是我必須指出，本書的歷史價值遠遠超出我所討論的範圍。讀者如果想瞭解國民黨政權為甚麼會崩潰得那麼快，必須細讀本書從抗戰末期以後，關於每一階段的詳細紀錄。「木必先腐，然後蟲生」，國民黨的失敗自有其深刻的內在根源，不能片面地歸罪於外在因素。

最後，我願意表達一點個人的讀後感受，在閱讀全程（特別是第五、第六兩編）的過程中，我心中深藏已久的記憶忽然復活了。作者一九四六年坐鎮東北的時期，我恰好也住在瀋陽。他的回憶錄好像一部時間機器一樣，把我送回六十二年前，重新遊歷了一次當時的生活世界。因此我在情感上也發生了一次波動，久久不能平息。這篇序文是在心漸寧靜以後才動筆的。我在本書發現了一九四七年三月十四日的一條紀事：

十四日余協中請示學生遊行，反對蘇京三外長會議，莫洛託夫提議以中國問題列入議程，應否勸止，答應聽之。

這是先父為了學生反蘇示威進行的事向作者請示，居然也從日記中搬進了《海桑集》。先父當時主持東北中正大學，東北人民對蘇軍佔領時期的各種暴行深惡痛絕，所以，青年學生反蘇情緒高昂，與關內學生的左傾心態完全不同。我從來沒有見過作者，但先父曾說過，作者不但對文人學者很能尊重，而且也關心東北的文化建設。這一點在本書中有很清楚的記載。一九四六年九月十二日他和青年黨領袖曾琦談話便說道：「余望有大學者坐在東北來講學十年，現在徵集本地忠孝節義史實，以備編製歌謠戲劇。」這是他的真實想法，並非門面話。一九四七年四月二十一日他記道：

廿一日金靜庵（按：即金毓黻，一八八七至一九六二年）來見，詢其所主辦史地學會情形，並囑其工作注重：(1)刊物發行；(2)戲劇編導；(3)歌曲編製；(4)古蹟修整。

這便是七個月前文化建設構想的實踐。金毓黻是東北著名的史學老輩，當時負責瀋陽的東北博物院，所以作者將這一重要任務託付給他。金的《日記》恰好也留下了紀錄：

熊公天翼邀余過談，囑辦東北史地學會，其主旨在編印書報，項目有四：一為東北史地讀本，二為通俗戲劇，三為民間歌謠，四為古蹟名勝。余以無暇謝之，熊公不允，且以大義相督責，使余無辭可借。（金毓黻，《靜晤室日記》，遼瀋書社，一九九三，第八冊，頁六二二四）

兩相對照，內容完全一致，不過詳略不同而已。至於時間相差一天，我相信也許是作者轉抄日記入回憶錄時的筆誤。上面我屢說本書的記載可信，在此又得到一次具體的印證。金毓黻並且記下了第二天（四月二十三日）的活動：

熊主任邀午餐於行轅第二招待所，座有楊威伯、高晉生、卞宗孟、王階平、佘協中、傅維本、馮獨慎、溫晉城、王孝魚等二十餘人，討論史地學會事。（同上，頁六二二六）

先父也參與「東北史地學會」的創建，我當時並無印象，讀了這條日記才知道的。可見先父與作者當時頗有過從。金的兩條日記都證明作者對東北文化建設的熱心，他顯然是史學會的原動力 (Prime mover)。這天恰好是陰曆三月三日，即「上巳節」，因此金氏還寫了一首七古，題作「丁亥上巳熊上將軍招宴官邸以當修禊即事為詩」。此詩對作者「振導史地學」恭維備至，將來如有人為作者寫傳記，金氏的日記是應當收入的。作者何以能在干戈擾攘之際還有餘暇來推動文化建設呢？這是因為他在名義上雖是黨政軍的最高長官，事實上黨、政、軍又都各有專人負責，他的權力已被架空了。國民黨體制的僵化和蔣介石的無效獨裁都在這裡充分暴露出來了。回首前塵，不禁為之擲筆一嘆！

二〇〇八年四月十六日於普林斯頓

（熊式輝《海桑集：熊式輝回憶錄（1907–1949）》，紐約，明鏡，二〇〇八）

孔捷生《血路 1989》序

孔捷生先生一九九〇年參加了普林斯頓大學設立的中國學社，先後在普林斯頓地區住了八、九年。這個學社的經費是亡友艾理略 (John B. Elliott) 先生獨立捐贈的。他是一位中國藝術的收藏家，一生樂善好施，捐了無數的錢支援學術和文藝的團體。一九八九年「六四」以後，他不忍見許多中國學人和學生流離失所，決意在普大成立一個研究機構，讓一部分流亡者可以暫時棲身，繼續學業。由於這一機緣，我才認識了捷生。最初幾年學社常常舉辦文化和學術討論會，因此我和捷生在會外交談的機會不少。由於我們都愛好圍棋，談得更是投契。可惜當時彼此都太忙，竟沒有手談的閒暇，我至今引為憾事。現在捷生已移居華府，手談更是無緣了。但分別多年，捷生的爽朗、熱情、觀察細緻，以及擇善固執等等特性，衹要稍一回憶便仍然如在眼前。

捷生早在上世紀七十年代末和八十年代初便以寫中、短篇小說享譽文壇，並且多次得獎；他是當時所謂「知青作家」最傑出者之一。所謂「知青」是指「文革」中「下鄉的知識青年」。「文革」發生時他才十四、五歲，但一九六八年便被送到廣東西江流域的高要縣農村落戶，兩年後又轉到海南島五指山區的一所農場去墾荒，四、五年後才回到廣州。他寫的雖是虛構的小說，其實都是以下鄉的生活經驗為根據的真實故事。七、八十年代之交，「文革」仍是禁區，不能見諸文字，所以許多知青都衹能寫自己的個人經歷。這才產生了一批「知青作家」；他們的作品小說往往衹能在地下流行。捷生最近又以散文的方式寫了幾篇文革瑣憶，敘述他的下鄉生活，十分生動。從我的史學專業的角度說，捷生的作品，無論是小說還是散文，都是最可貴也最可信的當代史料。唐代杜甫的詩，後世稱之為「詩史」，捷生的作品正可作如是觀。

捷生爽朗、熱情的性格中貫穿著一種強烈的是非好惡感，使他在面對著大是大非時，不能裝聾作啞。一九七六年和一九八九年兩次「天安門」運動他都是積極的參與者；第一次僥幸逃過，第二次則逼得他走上了長期逃亡的生涯。早在一九八〇年代初捷生便已出任廣東省文聯委員和中國作協廣東分會副主席。祇要他肯泯除一點孟子所謂「是非之心」，採用老子所謂「和光同塵」的處世態度，今天他也許是大陸文藝界的風雲人物之一了。但在最重要的關頭，他在人生價值方面作出了最明確的抉擇。「六四」的血淚歷程是他刻骨銘心的人生經驗。關於這一段歷史，我當時讀了不計其數的中外報導，但在我心中留下最深刻印象的則是捷生的〈血路 1989〉和〈最後的北京〉。這兩篇既生動又富於感情的第一手證詞把我帶進了現場，至今記憶猶新。中國文學批評史上有「驚心動魄，一字千金」的名言。這八個字的評語用在這兩篇文字上是再確當不過的。

捷生求仁得仁，對當年的人生抉擇無怨無悔。但讀了他三年前所寫〈絮與根〉的散文，他似乎有一股揮之不去的鄉愁。其實嚴格分析起來，無論是人生如柳絮隨風飄揚或落葉歸根，都是文學家的想像。中國傳統的農業社會，安土重遷，多少代傳下來，當然可以說是生了「根」的。但是現代社會的重心移向城市，流動性越來越大，「根」的觀念便動搖了。即以捷生而言，孔家多少代的「根」原扎在廣東南海縣洙泗村，但從他父親這一代開始，這個地域性的「根」已因遷居而切斷，捷生也祇能寫《洙泗村拾憶》了。捷生自己從一九六八到一九八九，二十多年間上山下鄉、自南而北，他在中國大陸上又何嘗生過「根」？但是我並不否認現代人有「根」，不過這個「根」不存在於任何固定的空間。在現代流動社會中，個人的「根」大致是指他童年以來所逐漸形成的一套生活情調和價值取向，也可以統稱之為文化。文化的「根」必然存在於每一個人的心中，所以人之所至，「根」必隨之。二戰期間，托瑪斯．曼流亡在美國，有人問他懷念故土否，他說：「我到什麼地方，德國就在什麼地方。」這並不是一句狂言，而恰恰表示他自信日耳曼文化已在他心中生了「根」，隨時隨地都和他同在，「造次必於是，顛沛必於是」。

捷生流亡到新大陸，也同樣把他的文化「根」一起帶來了。他的「根」移植到新的土壤中，不但沒有枯萎，而且由於新養分的滋潤，變得更茁壯了。從這個更茁壯的「根」上，長出了一樹茂盛的花葉。今天這些花葉已開始飄向彼岸的故土。我這樣說，是因為我最近才知道，捷生以「易大旗」的筆名在網路上寫了不少雜文，針對著中國的現實作出了「鞭辟入裏的批評……時時引起軒然大波」（見余杰〈荊棘中的過客——評易大旗的雜文〉）。現代科技的發展不止一日千里，以訊息傳播而言，全人類都已生活在同一「地球村」之內。捷生不但沒有離開過他的「根」，而且也未曾真正和他的故土隔絕過。我希望這一明顯的事實可以稍稍疏解他的鄉愁。

捷生要我為他的文集寫序，以上匆匆寫出我的一點讀後感，聊答雅意。

二〇〇八年六月四日於普林斯頓

（孔捷生《血路 1989》，香港，夏菲爾，二〇〇九）

巫寧坤《孤琴》序

——兼憶一九四九年秋季的燕京大學

一

巫寧坤先生繼《一滴淚》之後，將他多年來所寫的散篇文章集結成《孤琴》一書。這兩部書恰好經緯相錯，交織成文。《一滴淚》是「經」，提供了一個連續不斷的完整敘事；《孤琴》是「緯」，將敘事中某些極重要但祇能一掃而過的快速鏡頭加以放大，使我們可以觀賞其中的一切曲折。作者在《孤琴》中建造了許多通幽的曲徑，每一條都把讀者帶向《一滴淚》世界的深處。

我曾為《一滴淚》寫了一篇長序——〈國家不幸詩家幸〉，這篇序當然也完全適用於

《孤琴》。不過現在特別為《孤琴》寫序，我卻不願重彈舊調。《孤琴》勾起了我的一些記憶和感想，我想借此機會寫出來，與作者的經驗互相印證。但首先我要作一點為本書「解題」的工作。

本書為什麼以「孤琴」命名？作者在〈前言〉中已作了明確的解說。但作為〈前言〉的〈孤琴〉原是作者一九九一年的一篇英文散文，現在收入本書的則是別人的譯文。一九九〇至九一學年作者在母校曼徹斯特學院(Manchester College)從事寫作。這是美國印第安那州的一個「沉悶的小城」，作者在這裏過了一年十分孤獨的生活，基本上完成了《一滴淚》的初稿。但孤獨並沒有讓作者「發瘋」，如朋友們誇張的預測所云。相反的，他的精神獲得一次最高的昇華，所以他說：

> 我的孤獨再也不是一座初露端倪的瘋人院，而是一個別具一格的美麗新世界，一個燭照的透明新天地。

他又借用濟慈的詩句描述這個新發現的孤獨世界：

於是我感到自己像一個天象觀察者，
突然一個新星游入他的視野，
寂然無聲，在達里恩一個山頂上。

這裏我們看到作者精神昇華所達到的高度。在常人眼中，這也許便是一種「瘋狂」。但這是蘇格拉底所說的「神的瘋狂」(divine madness)，而且在四類「神的瘋狂」中居於最高的位置。因為「愛神」(Aphrodite) 恰好是這一「瘋狂」的主宰（見 Plato's *Phaedrus*）。試看作者自己對於「孤琴」兩字的解題：

孤琴！原來這就叫孤琴。我立即發現這正是我一直在尋找的東西。一個人在冬眠中找到的孤獨只是在逃避世界和作為社會動物的自身。真正重要的是達到這樣的心

態：身在「眾生要承受的萬千劫難」之中，仍能彈奏孤琴。

精神昇華使作者的孤獨化為一個「神奇的宇宙」，一切文字和藝術作品都頓時在他的心中活了起來。如果僅僅為了自我解脫，他大可長駐其中，從此遠離塵囂。然而不然，他嚮往的卻是回到承受著萬千劫難的「眾生」之中去「彈奏孤琴」。這恰好說明為什麼他對「孤琴」之喻，情有獨鍾。我必須提醒讀者，這是作者全心全力投入《一滴淚》的撰述期間。他以彈奏中的「孤琴」自喻，因為他正在發出動人心弦的琴音。但是他的「孤琴」之奏不是為了自己賞音，而是出於愛「眾生」之一念，讓他們能在劫難之餘，共享他所發現的「神奇的宇宙」。上面提到最高一層的「神的瘋狂」在這裏得到了印證。

這裏讓我為「孤琴」的意象下一轉語，作者的專業雖是西方文學，但畢竟具有深厚的中國文化修養。「孤琴」所表達的在骨子裏即是中國人的一種共同嚮往：個人不應僅僅滿足於自己「得道」，而必須同時幫助一切人「得道」，至少也要把一己所得之「道」原原本本地傳布給世人。孔子「己欲立而立人，己欲達而達人」便是這一精神的最早呈露。後來大乘佛教的「菩薩行」傳入，因為和中國原有的精神取向相同，很快便融合無間。所謂「菩薩行」即指未度己，先度人，願為眾生承受一切苦難。王安石便因為讀到禪宗大師一句話才毅然接受宰相任命而致力於改革的，這句話是：「這老子嘗為眾生作什麼？」大乘佛教和原始儒教在這一點上是一致的，孔子不是也強調「汎愛眾」嗎?作者寫《一滴淚》和這本《孤琴》文集也和當年王安石出山的心態完全一樣，是要為「眾生」做點什麼事。《華嚴經》的〈回向品〉特別提倡「回向眾生」的觀念，意思是在修成正果之後，再回過頭來把自己所修功德施與「一切眾生」。一九二二年胡適寫了一首〈回向〉詩，用現代人的意境和情感重新闡釋了這個觀念。我覺得這首詩和〈孤琴〉一文在精神上是相通的，但卻把〈孤琴〉末節「告別冬眠」的隱義充分發揮出來了。所以我要把全詩引在這裏，供讀者參考：

回向

他從大風雨裏過來，

向最高峰上去了。
山上祇有和平，祇有美，
沒有壓迫人的風和雨了。

＊

他回頭望著山腳下，
想著他風雨中的同伴，
那密雲遮著的村子裏，
忍受那風雨中的沉暗。

＊

他捨不得離開他們，
又討厭那山下的風和雨。
「也許還下雹呢，」
他在山頂上自言自語。

*

瞧啊，他下山來了，
向那密雲遮處走。
「管他下雨下雹！
他們受得，我也能受。」

二

本書第一輯首篇〈燕京末日〉寫的是燕京大學，其中提到「歷史系著名的聶教授」當時正在「隔離反省，交代問題」。這是指宋史專家聶崇岐先生，我曾上過他一學期的「中國近代史」。作者的回憶把我帶回了六十年前的燕園。但是這裏不是我寫自己回憶錄的地方，我祇想就「燕京末日」這一論題，補充一點作者見聞以外的情況。我是一九四九年八月底住進燕京學生宿舍的，十二月底離開，比作者早了兩年。因此我所見到的是「末日」的開始，恰可與作者所見的「末日」的終結互相參照。

燕京是教會大學，經費主要由美國各教會捐募而來。它不可能在中共政權下繼續存在下去已是先天注定的命運。所以一九四九年秋季開學，它的「末日」便開始了。中共對於「帝國主義」創辦的大學怎樣處理早已成竹在胸，但在奪權之初，為了收攬和穩定學術和教育界的人心，暫時不動聲色。中共對國立大學如清華，開始是維持原狀，其次是接而不管，最後才是全面接管（見馮友蘭《三松堂自序》，北京，三聯，一九八四，頁一三一——一三二）。燕京是私立教會大學，情形自然又當別論。至少我在燕京一學期中，學校表面上仍未改變，估計是處在「接而不管」的階段。但「接而不管」祇是一種假象，中共在它權力所及之處決不可能有真正「不管」的時候。在「不管」階段，它在背後的布置——包括所謂「摻沙子」、「挖牆腳」之類——則正在積極地進行中，一分鐘也沒有停止過。在中共的通俗政治語言中，這叫做「摸底」，不但「摸」整個學校結構的「底」，同時也「摸」每一個教職人員的「底」。等到時機成熟了，「黨」便可以一舉而消滅「階級敵人」。不用說，這個理解在當時是不可能有的，必須通過六十年來的經驗才能完全看得清楚。所以在我入學時，燕京大學從校長到教職員大概都抱著一種幻想，以為學校仍可以照舊辦下去。甚至遲至一九五一年，趙蘿蕤教授依然抱此幻想，因此才有電聘作者之舉。這和同一時期（一九五一年一月二十六日）成都華西大學文學院長羅忠恕函聘吳宓前往英文系任教，如出一轍。總之，我在燕京恰好趕上了暴風雨之前的一個短暫的寧靜時期。

一九四九年燕大校園的政治動向已完全控制在中共手中，黨團員無所不在，不過還沒有展開大規模的鬥爭「運動」而已。最顯著的，學生都必須上政治大課，主持人是法學院院長趙承信；他是政治系教授，向黨靠攏的很緊。大課並不是主持人獨自講授，而是分別請校外的人來作報告。我現在記得的有四個人，即錢俊瑞、艾思奇、王芸生和儲安平。錢當時是教育部副部長，講得很長，至少兩、三小時。艾則是黨內著名的「理論家」，早年所寫的《大眾哲學》曾在青年中流行一時。這兩位黨人的長篇大論說些什麼，六十年後已無從追憶，但其中涉及三個問題至今還留有一點印象：第一、對於二戰後蘇聯軍隊在中國東北姦淫搶擄的暴行極力否認，堅持這是國民黨反動派的造謠。第二、當時美國《白皮書》剛剛出版，對於中國的「民主個人主義者」有所期待。毛澤東立即寫文章痛斥。因此辱罵「民主個人主義者」也是他們講話中的一個重點。第三、中共的五星旗剛剛出爐，一顆大星代表共產黨，四顆小星則分別代表工人、農人、民族資本家、小資產者四個階級，都屬於「人民」的範疇。他們借五星旗的象徵，向我們這些「小資產階級」進行「統戰」。

就我記憶所及，他們兩人的「洗腦」工作並未取得預期的效果。首先，一九四六——四七年我在瀋陽住過兩年，對於蘇軍的暴行早已耳熟能詳，而且直接得之於民間，「謠言」之說不足以服人。燕大同學中來自東北的更無法接受這一解釋。至於「民主個人主義者」和階級劃分，我們當時既不甚了了，也不知其確指何在。艾思奇尤其使我們失望，他雜引史事說明他的論點，竟說「岳飛是一千多年前的民族英雄」，把岳飛的時代推前了三百年以上。聽眾雖不敢嘩然，但暗中搖頭的則大有人在。這樣缺乏歷史常識的話大大減弱了他的說服力。

另外兩位「民主人士」的講話也各有特色。王芸生是《大公報》的名記者，早在抗戰時期便已非常靠近共產黨了。他的講演一味強調他曾怎樣英勇地和國民黨展開的鬥爭，還特別描述《中央日報》的主持人陶希聖怎樣對他進行「圍剿」的種種事蹟。這是一次自我表彰的談話，從政治教育的觀點說，意義不大。

在四位外來講者之中，儲安平給我留下的印象最好。他主編的《觀察》雜誌是我在一九四九年以前的主要課外讀物，所以對他有一種親切的感覺。但講話的內容我現在祇記得下面這一點：他宣布最近接受了某一報刊（已記不清名稱）總編輯的職務，歡迎燕大同學投稿。他特別強調編輯的宗旨是同時向前面提到的四個「階級」開放的；他的副刊並不為四個階級各設專欄，但對這四種不同的觀點一定兼容並包。他說話的神態十分真誠懇切，這是我對他發生好感的主要原因。今天回想起來，他其實是表示：他仍然繼續《觀察》的一貫立場，也就是自由主義的立場。這在當時痛斥「民主個人主義」的一片叫囂聲中未嘗不是一種諷刺，因為「自由主義」和「民主個人主義」不過是同實而異名而已。儲安平在一九五七年逃不過「大右派」的劫數，於此已見端倪。但這是事後諸葛亮，聽講時我當然不可能有這樣的理解。

其次，我要談一談燕大教學的情況。這一學期我選修了四門課程。除了趙蘿蕤教授的大二英文外，我在歷史系選了三門課：中國近代史、史學理論與方法、歐洲史導讀。英文課讀的是英、美短篇小說和散文，祇重語文訓練，尚未涉及思想問題。本書作者兩年後講授英國文學史必須運用馬克思主義的觀點，那時還沒有出現。我記得有一位思想「進步」的學生曾試著用階級觀點解釋一篇小說。趙教授不但未加稱讚，而且還表示與小說的主題全不相干，可見她還沒有感到「思想」的壓力。主持歐洲史導讀的是一位女講師，可惜我已忘記了她的名字。她指導學生讀了一些史學名著的選樣，包括吉朋的《羅馬帝國衰亡史》。但她是一位受過正統訓練的學人，根本未為歷史唯物論所動，因此也沒有觸及馬克思主義。但另外兩門歷史課則不能完全避免政治的干擾了。

講授中國近代史的是聶崇岐先生，也就是〈燕京末日〉所提到的「歷史系著名的聶教授」，因「態度惡劣，對抗運動」而受到「隔離反省，交代問題」的懲罰。他是宋史名家，我本來希望能吸收一點他的專長。大概由於系中教學的需要，這一學期他改授近代史。這是中共很重視的一門課程，他指定的教科書是范文瀾以「武波」筆名所編寫的一本《中國近代史》。但是他並不要求學生細讀范書，僅僅用之為講授的提綱而已。相反的，他每一課的講稿都是自己根據原始史料另行編定，而且專講客觀史實，條分縷析，儘量避免下政治性或道德性的判斷。范書痛罵帝國主義，又斥曾國藩為「漢奸、劊子手」等等，他在堂上則從不用這一類的情緒語言。我當時衹知道他是一位很耿直的山東學者，多年後才從洪業老先生處瞭解到他的高潔人格。最近讀到鄧之誠《日記》散篇，我對於他「態度惡劣，對抗運動」的情況略知一二，但是他落網如此之快，則是萬萬想不到的。

最後，我要提到翁獨健先生的「史學理論與方法」一課。翁先生是燕京繼齊思和先生之後，保送到哈佛大學，取得博士學位的第二人。他的專業是蒙古文和元史，但知識面很廣，思想也很靈活。那時他和共產黨之間大概已取得互信，所以學期之末他被任命為北京文教局局長。他所指定的課本是普列哈諾夫的《一元論歷史觀的發展》中譯本（英譯為George V. Plekhanor, *A Contribution to the Question of the Development of the Monistic View of History*）。但是他在講堂上並不宣傳歷史唯物論，更未提及斯大林的「五階段論」。可見他仍然守住了專業史學家的崗位。他指導我們讀普氏的著作，重點放在俄國馬克思主義的思想史背景上面。最使我感到意外的是他竟要學生讀羅素的《西方哲學史》，其理由是羅氏此書也強調哲學的社會與政治的關聯。這門課是較小的討論班，以期終論文代替考試。我寫的是〈墨學衰微考〉，是一個傳統考證的題目；他同意了我的選擇，沒有任何指示，要我運用唯物史觀和辯證法。

一九八六年秋天翁先生到美國訪問，他的女婿和女兒還特別開車繞道耶魯，在我家中盤桓了一個下午。這是我在離開燕京後唯一重晤的老師，他依然保持著一位學人的風範。

總之，在「燕京末日」剛剛開始的第一學期，無論是外文系或歷史系的教授們，大體上還能勉強維持著相對的學術尊嚴；至於大多數的學生，在政治上採取了不即不離的觀望態度，在學術上則仍然信任本系的教授。以歷史系而言，當時學生們並沒有覺得：教授都是「資產階級」學者，未經馬列洗禮，因此在思想上或者「落後」或者「反動」。這種看法至少在當時還沒有廣泛流行。相反的，以史學而言，我們對「新史學家」如范文瀾、翦伯贊之流並沒有多少敬意。翦伯贊那時已在燕京，但並不屬於歷史系，我從來沒有見過他。作者在《一滴淚》和〈燕京末日〉中都稱他為「新燕京攝政王」，因此我現在才能斷定，他大概是以「軍代表」的身分進入燕園的，大致相當於吳晗在清華的地位（中共接管各大學都是由「軍事管制委員會」的「文管會」派代表駐進校園，簡稱「軍代表」）。一九四九年秋季翦還沒有「攝政王」的稱號，不過卻有一個關於他的故事在史學系流傳。他當時正在大張旗鼓主編庚子（一九〇〇年）義和團史料，開了一張書目要燕大圖書館為他收集有關文獻，其中之一是孫承澤《庚子消夏記》。這是一部清初關於書畫著錄的名作，寫成於順治十七年庚子（一六六〇年），稍有書畫史常識的人無不知之。這種疏失如果出在一個初出茅廬的史學工作者身上，是可以原諒的。但他當時是和范文瀾並列的馬克思主義史學領導人，氣焰正自不可一世。這就難免招人輕視了（這部材料書即是《義和團》，列為《中國近代史資料叢刊》第九種，一九五一年出版，前面有他的〈序言〉，自署「一九五〇年十二月六日於燕京大學」）。馬列派後來所取得的史學「霸權」並非建立在學術基礎之上，這是再清楚不過的事。

但是中共在「摸底」期間首先便是要「摸」清楚：哪些人能夠及早「爭取」過來，成為「黨」的傳聲筒，說出「黨」不便啟齒的話。不用說，教授自然是最先「爭取」的對象，因為他們畢竟擁有更大的號召力。另一方面，以中國知識人在過去改朝換代的一般表現而言，教授中願意積極迎合「爭取」的也不乏其人。這也不必詫異。不過我在燕京的那段時期，這樣的人還是極少數。上面提到的法學院院長的趙承信可以算是一位出類拔萃者。他在政治大課上常常鼓勵我們去建立工、農的階級觀點和感情。他最愛舉下面這個例子：工、農一見到毛主席好像便情不自禁地發生「熱愛」，這是我們應該學習的。另外一位是《一滴淚》中所提到的「地理系侯教授」，在「接受毛主席檢閱」時「精神抖擻，嗓音嘹亮，指揮若定」。這位侯教授名仁之，因為思想進步的緣故，和學生們很接近。大概他是政治課小組討論的一個主持人，而我恰好分在他的一組，因此和他很熟。他那時剛剛從英國留學歸來，一再對我們強調他的幸運，居然還「趕上了革命的最後一次列車」。現身說法之後，他接著便要我們也珍惜這個千載難逢的機遇，和他同在一輛車上。我們這些學生當時都沒有明確的政治傾向，趙、侯兩位先生的論調也未曾引起我們的強烈反應。但是翻來覆去聽的太多了，又不大相信這是由衷之言，膩煩和肉麻之感確是免不了的。

〈燕京末日〉所記一九五一年以來「思想改造」、「三反」等等「運動」，令人驚心動魄。我最早從香港報紙上讀到關於燕大鬥爭大會的詳細報導，包括校長陸志韋的女兒怎樣「大義滅親」的熱烈表演。我稍一回憶，立刻領悟到：中共的布置早在一九四九年秋季便已展開了。經過兩年來處心積慮的安排，「進步教授」和學生中的「積極分子」已布滿全校，祇要「黨」略略示意，鬥爭大會開得轟轟烈烈是完全可以保證的。所以我特別寫了一篇小文，分析了這一事件，題目是〈吳用把眼視眾人〉（此文刊在香港《自由陣線》雜誌，大約在一九五一年底）。這是借用《水滸傳》第六十七回的故事：宋江推讓盧俊義坐第一把交椅，吳用發言反對之時「已把眼視眾人」，李逵、武松、劉唐、魯智深等便一個接著一個大聲鼓噪起來。毛澤東熟讀《水滸》，這一套手法早在黨內外鬥爭中運用過無數次，此時拿來對付一些毫無「鬥爭」經驗的教育界人士，那真是莊子所謂「以無厚入有間」，游刃而有餘了。

我和作者恰好分別參與了「燕京末日」的始點和終點。所以我特別將我的記憶部分寫出來，略補作者見聞之所未及。

三

最後，讀了第三輯感舊錄的部分（〈忍看朋輩成新鬼〉），引起我關於中國知識人在中共統治下的宿命的反思，現在想借此機會略抒所見。

作者懷舊的對象多數是我不認識的，或雖聞名而未曾見過面的。但是其中有兩位前輩我在「文革」後也略有交往，即沈從文和錢鍾書。一九七八年和一九七九年，連續兩年我都有機會和錢先生交談，但都在官式接觸的場合。他逝世後我曾寫過一篇文字，追記其事，這裏便不再重複了（此文和巫先生在本書所收者篇名相同——〈我所認識的錢鍾書先生〉，現已收入本書）。這裏我要從不同的角度補記一個有趣的插曲。在北京俞平伯先生寓所第一次晤談中，不記得話題由何引起，他忽然提到馬克思的一段婚外情，雖僅一二語匆匆帶過，神情則頗帶幾分淘氣。這當然是指馬克思與家中女傭 (Lenchen) 生了私生子的事，在西方雖早成公開的秘密，但在一九七八年的中國大陸恐怕知道的人少之又少。我一方面佩服他的博覽，另一方面也不免有些詫異：他為什麼會講起這個故事呢？最後我猜想他也許是借此向海外訪客暗示：他並不是馬克思的虔誠信徒吧！一兩年後我在美國和史華滋 (Benjamin I. Schwartz) 閒談，涉及馬克思的思想與生活，順便提到這個趣事，他也忍俊不禁，並同意我的推測。為了怕給他帶來困擾，我再也沒向別人提過。現在事隔三十年，錢先生也已下世十年，我披露了這個小插曲應該無傷大雅了。這個趣事更使我相信，他在整個毛澤東時代都能完整地保持了自己原有的價值和思想，絲毫未為官方意識形態所撼動。正因為他沒有失去精神的自我，他才能憑著深厚的學識和無比的機智，在驚濤駭浪中明哲保身，最後完成了《管錐編》的寫作。

沈從文先生夫婦一九八〇年末至一九八一年初在耶魯大學附近住了一兩個月；他們的東道主人是傅漢思教授和張充和女士。由於這層友誼的關係，我和沈先生曾有過多次聚談的機會，都是在輕鬆的氛圍中進行的。我知道他在一九四九年以後受盡了折磨，精神上且一度陷於崩潰狀態，因此我從來沒有問起他個人的遭遇，以免觸動他的傷痛。在談話中他大體以憶往懷舊為主，但所說多數是舊友的事，譬如關於顧頡剛先生在中共統治下的生存狀態，我是從他口中才得到了最可靠的消息。我感受最深的是他雖歷盡劫難，卻心平氣和，沒有流露出半點怨憤的情緒，更沒有責罵過任何人，我當時不禁聯想到阮籍為「天下之至慎，未嘗評論時事，臧否人物」，以及「叔度汪汪，如萬頃之陂，澄之不清，擾之不濁」。後來讀到《沈從文家書》（臺灣商務，一九九八）我才認識到一九四九年以後他在思想和情緒上波動之大、困惑之深。但無論如何，一九八〇年時他確已恢復了內心的寧靜，也找回了原有的價值系統。

巫寧坤先生對於沈、錢兩先生的認識自然遠比我為親切，本書所收兩篇生動的素描可以為證。大體而言，巫先生的素描和我的一般觀察是可以互相印證的。

我必須著重地指出，沈、錢兩先生是例外中的例外；他們的出身和背景各有不同，但在萬劫千難之後卻同能收拾精神，重整故我。但以絕大多數同輩的知識人而言，他們的心靈多已陷於支離破碎的狀態。一九四九年以前在文、史、哲諸領域中曾各領風騷的人物，文革以後都失去了獨立思考的能力，我親見親聞的實例便不可勝數。如果與前蘇聯的情況作一比較，中國知識人的命運顯然悲慘得多。俄國著名的史學家古列維奇 (Aaron I. Gurevich) 在蘇聯解體後曾對文、史兩界的情況作了一個簡要的比較。他說，十月革命以後俄國文學傳統仍然是有生命的。作家如帕斯捷爾納克（《齊瓦哥醫生》）、索忍尼辛（《古拉格群島》），詩人如阿赫瑪托娃等，從來沒有停止過創作。即使在斯大林的恐怖統治時期，這些人也不肯在意識形態上作出任何妥協。所以八十年代中葉所謂「開放」(glasnost) 來臨時，這些異議作家的作品便大量出現在文學刊物上。當時俄國讀者很驚異地發現，原來在精神和藝術領域中，他們竟擁有幾十年積累起來的豐富資源！相對而言，史學由於受意識形態的直接控制，除了史料彙編一類的成績之外，極少值得一讀的著作。雖然如此，一九五六年清算斯大林以後，史學界仍然有所鬆動，斯大林時代的武斷教條大體上已被拋棄，至少也受到質疑；史學家也可以提出新的假說和構想。因此六十年代史學家確有破冰之功，為後來史學上的自由分析奠定了初步的準備工作（見古氏原文 "The Double Responsibility of the Historian," in *The Social Responsibility of the Historian*, Francois Bedarida, ed., Providence: Bergham Books, 1994, pp. 67–69）。

但在同一時期之內，曠古未有的厄運卻已降臨在中國知識人的身上。一九五五年「清算胡風」和一九五七年「反右運動」徹底斷絕了創作和研究的自由。與俄國不同，「五四」以後才出現的新文學家群並未形成一個超越政治而受普遍尊崇的精神力量。相反的，一九四九年以後，祇有「左翼」人士才能在文藝界活躍，而他們早已為「黨」所收編。即使是胡風的爭取創作「自由」，也自以為是真誠地向「黨」效忠；至少在主觀認知上，他是與宗派主義作鬥爭，而不是挑戰「黨」的無上權威。

在「引蛇出洞」的「陽謀」期間，不少「民主人士」和青年學生確曾一度「大鳴大放」；這是因為他們誤信中共會實踐以前關於「新民主」的承諾。從「鳴放」的言論看，當時中國仍有不少知識人繼承著「五四」的精神，並持之以恆與「黨」的權威分庭抗禮。但「鳴放」在一夜之間變成了「反右」之後，中國知識人立即進入「萬馬齊喑」的狀態。無論是「心服口服」還是「口服心不服」，總之他們從此在整個毛澤東時代，再也不能發出一絲一毫異議的聲音了。

毫無可疑，知識人在毛澤東統治下所受到凌辱和摧殘遠比斯大林時代的蘇聯為嚴酷（關於這一比較，可看 Leszek Kolakowski, *Main Currents of Marxism*, New York: W. W. Norton, 2005, pp. 1197–1199）。但是這裏有一個異常的現象：中國知識人儘管受盡了迫害和侮弄，作為一個群體，他們卻始終在共產黨的精神枷鎖的籠罩之下，不但擺脫不掉，甚至失去了擺脫的意志。所謂「精神枷鎖」是指知識人，無論自覺地或不自覺地，已接受了下面這個事實，即「黨」是決定他們的存在價值的唯一精神權威。每一個知識人的評價及其正或負的程度最後都完全由「黨」的一句話來決定。如果「黨」給他「定性」為「反革命」、「右派」或「資產階級」，他首先便會自覺罪該萬死，羞愧無地；如果「黨」為他摘去上述任何一頂「帽子」，他又立即如獲新生而且感激涕零。不用說，如果他竟能批准「入黨」，那更是人生最大的榮耀，不但家人親戚為之歡欣鼓舞，生平相知，特別是帶有「帽子」的，也都不禁要「彈冠相慶」。近年來我讀了不少老一輩學人的日記、書信之類，對於這一點感受最深。過去儒家傳統說，孔子《春秋》的「褒貶」有無窮威力：「一字之褒，榮於華袞；一字之貶，嚴如斧鉞。」但這不過是文字上的誇張，在歷史上並不能證實，而中國共產黨卻在最初幾十年中掌握了這樣的精神權威。它之所以能奪取政權並且將斯大林體制有效地強加於中國人的身上，這一精神權威所發揮的作用是不可低估的。

我為什麼要特別提到精神枷鎖的問題呢？這完全是由巫先生關於「戀黨情結」的話題引出來的。本書第四輯有一篇〈銀翹集——楊憲益從入黨到出黨的傳奇〉，是評介楊憲益舊體詩集之作，寫得非常生動感人。作者告訴我們：

> 楊詩人的半生坎坷是和他的「戀黨情結」分不開的。他出身於地地道道的資產階級家族，高中畢業後就自費遊學牛津大學達六年之久……。當時正值抗日烽火連天，他學成之後立即兼程回國，與祖國人民共命運。及至身臨大後方，耳聞目睹的卻是

當道窳敗，國勢危殆。報國無門。不少憂國憂民的知識分子都寄望於中共，或奔赴延安鬧革命，或「身在曹營心在漢」，暗中為「地下黨」奔走效命。楊氏交遊中不乏文化界「進步人士」，按「近朱者赤」的常理，他也和「地下黨」結成了患難之交。

這裏敘述的雖是楊憲益的個案，然而卻具有高度典型性；我們可以說，多數傾向於共產黨的中國知識人最初都是被這一心理狀態推動的。

但一九四九年以後，楊先生雖「九死不悔」地爭取入黨，卻始終被擋在門外，直到一九八六年才如願以償，這時他已年逾古稀了。我完全同意作者的觀察：「楊憲益要求入黨並非圖升官發財，而是書生氣十足，一廂情願，要與一個心嚮往之的『理想』認同，忠心耿耿，歷久彌堅。」「六四」屠殺以後，我在電視上親眼看到楊先生「拍案而起」的一幕；他的凜凜風骨至今仍留在我的腦際。所以楊先生的「戀黨情結」出於最真純的「理想」認同，我是深信不疑的。但是這裏我們必須追問：共產黨何以竟能取得這一至高無上的精神權威，使許多知識人爭先恐後，趨附唯恐不及？這是一個極複雜的大問題，當然無法展開討論。下面我祇提示幾條主要的線索。

首先必須指出，共產黨人從馬克思開始便採取了搶佔精神制高點的策略。這一策略包涵兩個互相關涉的方面：一是「科學真理」，一是「道德熱情」。所謂「科學真理」指「歷史規律」；資本主義必將為社會主義所取代，無產階級通過階級鬥爭最後必然消滅資產階級，這是馬克思所發現的「歷史規律」，已經「科學地」建立了起來。「科學的社會主義」的興起是「不可抗拒的歷史潮流」。所謂「道德熱情」則指共產黨人必須投注全部熱情為無產階級的勝利而奮鬥，這是「先鋒隊」的歷史任務。道德是有階級性的，無產階級如旭日東升，體現了最新最無私的道德；腐朽的資產階級所宣揚的道德價值，如公平、自由、平等、博愛之類，則是「遮羞布」，掩飾它維護資本主義統治和剝削無產階級的本質而已。因此共產黨人一方面鄙棄一切自古至今社會上共同接受的道德規範，另一方面卻全力以赴地鼓動群眾的道德熱情，為無產階級的解放而鬥爭。這樣一來，他們在進行顛覆現存秩序的革命過程中，既佔領了道德高地，又完全不受任何既存道德規範的約束。正因如此，共產黨雖不知道德為何物，卻具有極大的道德號召力。普蘭尼 (Michael Polanyi) 稱它為「無道德的道德力量」(the moral force of immorality) 可以說是一針見血（見 *Personal Knowledge: Towards a Post-Critical Philosophy*, The University of Chicago Press, 1958, pp. 227–233）。

通過有組織、有計劃的大規模的宣傳（特別是在第三國際時期，一九一九——一九四三），許多西方知識人都深信「真相」與「道德」已「辯證地」統一了起來而體現在共產黨的組織之中。英、美不少著名的科學家、文化人等長期為蘇聯作地下情報工作而心安理得，便是基於這一信念：他們自認為是在為人類的光明遠景而獻身。

第三國際在中國建立共產黨的組織，自然將佔據精神制高點的策略也同時搬運了過來。但中國的實際情形與西方不同，既沒有一個合格的「資產階級」，更沒有一支壯大的「無產階級」隊伍（一九二〇年代中國產業工人大概僅在二百萬左右）。如果僅僅高舉「為無產階級的解放而鬥爭」的旗幟，中國知識人的道德激情是不容易被調動起來的。所以中國共產黨必須另找適合中國特殊需要的據點，以建立它的絕對精神權威。

中共在知識界發生深入而廣泛的影響應該從一九三〇年代算起，那正是日本侵華越逼越緊的時刻。為了脫出被圍剿的困境，中共通過地下黨組織開始在全國各大學發動「抗日」

運動。抗拒外敵的民族主義激情一向是中國的道德高地之一，上起南宋、中歷晚明、下及近代，久已注入知識人的血液之中。中共搶到了這一高地，即初步樹立了它在中國知識界的精神權威。楊憲益先生在抗戰時期傾倒於延安，即其顯證。

中共在中國將革命重點放在貧苦農民的解放上面，因此在西方甚至獲得「農業改革者」的稱號。這又是它搶佔道德高地的另一傑作。古代的「士」自漢以來便反對豪強兼併，為「貧無立錐」的農民請命，這一號召自然最能打動現代知識人的心弦。所以沈從文先生一九五一年十一月在四川內江也為此而感動，並為「毛主席關心窮人」的說法作「宣傳」（見《沈從文家書》，臺灣商務，一九九八，頁一六七）。

在整個抗日戰爭時期，中共都將「階級鬥爭」意圖掩藏了起來，而以「民主」、「自由」、「多黨合作」等口號進行「統戰」。這不但見於重慶《新華日報》的言論，而且有毛澤東的《論聯合政府》和《新民主主義論》可證。許多原來傾向於自由主義的知識人便是在這一「統戰」策略下逐漸左轉。聞一多如此，楊憲益也是如此，李慎之晚年的無數反思文字更是現身說法。

總之，中共的長期宣傳成功地將自己扮成一個古今無二的完美形象，不但是民族獨立的唯一希望所在，而且也承擔著中國人所追求的一切現代價值。一九四九年奪權成功更增添了無窮的威勢，似乎已完全證實了「黨」的「光榮、偉大、正確」。「黨」的絕對精神權威便從此在絕大多數知識人心中牢牢地建立起來了。連處於政治邊緣的沈從文先生在「反右」期間也老實地遵守著下面這個絕對原則：「凡對黨有好處就做，有損害處絕不幹。」其餘的人更可想而知了（見《家書》，頁二七六——二七七）。

中共的精神權威今天已基本破產了，但是它還擁有一件宣傳武器，不容輕視，那便是民族主義的激情。這是它起家的主要本錢，現在依然想靠它來凝聚向心力。但在無「敵國外患」的情況下，玩弄民族激情有如玩火，希特勒的納粹主義便是前車之鑑。然而我們關心中國前途的人卻不能不密切注視這一危險的動向。

四

去年六月間，美國東西兩岸都召開了「反右」五十年討論會，香港《明報月刊》也出版了紀念專輯。我寫了四首七絕，表達我對於「五七」的整體看法。這四首詩剛剛被朋友們放在網路上，我便接到巫寧坤先生的電話，稱許我的理解大致不差。現在我把這四首詩鈔在後面，作為這篇序文的一個尾聲：

右袒香肩夢未成，負心此夕淚縱橫。世間多少癡兒女，枉托深情誤一生。
未名湖水泛輕漚，池淺龜多一網收。獨坐釣臺君不見，休將劫數怨陽謀。
橫掃斯文百萬家，更無私議起喧嘩。九儒十丐成新讖，何處青門許種瓜。
辱沒冤沉五十年，分明非夢亦非煙。人亡家破無窮恨，莫叩重閽更乞憐。

二〇〇八年六月廿五日於普林斯頓

（巫寧坤《孤琴》，臺北，允晨，二〇〇八）

封從德《六四日記：廣場上的共和國》序

在八九民運的學生領袖之中，封從德是我最後遇到的一位。十二年前（一九九七年）他到普林斯頓來看我，我們有一個下午的談話。他當時正準備撰寫「六四」的歷史，徵詢我的意見。我很坦率地表示了我的猶豫：當事人寫親自參預過的歷史很難擺脫主觀的成見。我為甚麼有這個想法呢？因為中國近代史上有前車之鑑。梁啟超逃亡到日本之後，寫了一部《戊戌政變記》，雖然立即風行天下，但史學界卻不承認它是信史。陳寅恪便曾指出：「此記先生作於情感憤激之時，所言不盡實錄。」所以我建議從德寫下他個人的回憶錄，那才是最可寶貴的第一手史料。

但當時我並不知道，從德早在「六四」後不到兩年已寫出了一部三十五萬字的《八九學運備忘錄》。接著在一九九一年七月，他又邀請了十七位流亡海外的「六四」學生在巴黎開了七天的會，集體回顧並核對了記憶中的種種事件，一九九三年出版了《回顧與反思》。最後從德又在二〇〇一年以後創建了「六四檔案」的網站，到現在為止已收集了三千萬字文字和五千幅照片。這部《六四日記：廣場上的共和國》便是從上述的大批資料中提煉出來的。大體說來，《日記》正文出於《備忘錄》，而六萬字的注釋則是到海外以後集思廣益的新收穫。主觀和客觀融合為一，這部《日記》確是關於六四學運的最可信、同時也最詳盡的一部記載。

限於時間，我不能對本書多作介紹，但有一句話卻不能不說。在我認識的「六四」參與者之中，從德是最為特立獨行的一位。他參加「六四」出於偶然，但他的內在動力則是始終一貫的。這個「一以貫之」的力量我稱之為精神世界的追求。流亡海外之後他的追求表現得極為清楚：他先後出入基督教、伊斯蘭教、錫克教，當然還有中國流行已久的儒、釋、道三教。他最後因為遍讀我的先師錢穆先生的著作而皈依於儒家。這一點當然更激動了我的心弦。正是由於他追求的是內在的精神世界，因此他從參加運動之始，便遠離名利之場，而默默地在人群喧嘩的後面從事於實際的工作。用他自己的話說：「我固執於運動自發的本色，拒絕扮演明星。」他悟道很早，所以斬釘截鐵地說：「守不住本色，名與利就是最大的毒品，比海洛因還容易讓人執著，但將終受其害。」為了要守住「本色」，他事實上超越了運動，但所作所為卻又是在一個更高的精神世界中推動著運動。這確實是儒家的「本色」。

中國文學批評史上有一句名言：「驚心動魄，一字千金。」這部《日記》完全印證了這八個字！

二〇〇九年四月二十三日

（封從德《六四日記：廣場上的共和國》，香港，晨鐘，二〇〇九）

編後記

為他人論著所做序文一類文字，大概有三種。一是大而化之的門面話或「虛譽」；二是對所序著作的論旨有精到的把握，讀之可收提綱挈領之效；三是不惟鉤玄提要，尤將所序著作的論題置入一個更為深廣的脈絡之中，引領讀者不囿於著作論題本身，進入一個更為「廣大精微」的意義世界。顯然，第二種序文已非隨意可就，非要對所序著作的內容有深入全面的了解不可。至於第三種，除了精確的理解之外，更需要具有超出所序論著本身知識領域和思想深度的學養與識見。而無論是第二種還是第三種，都必須將一絲不苟的真誠和投入貫徹其間。

至二○○八年一月為止，余英時先生為後學和友人所撰序文已有四十篇左右，無一不在後兩種的範圍之內，而尤以第三種為多。余先生先後為《胡適之先生年譜長編初稿》、《朱子文集》、《胡適日記全集》以及《顧頡剛日記》作序而竟成專書《中國近代思想史上的胡適》、《朱熹的歷史世界——兩宋士大夫政治文化史》、《從日記看胡適的一生》以及《未盡的才情——從日記看顧頡剛的內心世界》，有目共睹，尤可為證。在這個意義上，余先生的序文不啻是引導讀者在諸多知識和價值的世界中穿梭游弋而不致迷失方向的燈塔。編者研讀余先生各類文字有年，對於余先生為他人論著所作的序文，這是感受最深者之一。而編輯這部序文集，正是源於略窺宮牆之美而欲人所共見的激動。

如果說第二種序文可稱為「畫龍點睛」，那麼，余先生的很多序文顯然已經不僅使所序論著「活龍活現」，更使之騰躍於九天之上，獲得了更為廣袤深遠的展布空間。不過，當編者最初提議以《畫龍點睛》命名此序文集時，余先生卻易之以《會友集》。身為大家而謙沖如此的師長風範，可見一斑。

傳統歷代儒家知識人以時節因緣而於「內聖」、「外王」或有側重不同，但於「內聖外王連續體」一意，無不身體力行，未有裂為兩橛者。余先生《朱熹的歷史世界》一書的意義之一，不僅彌補了以往朱子研究中的一個重要側面，更在於使我們看到儒家知識人讀書修養與心繫家國天下的內在聯繫。這部《會友集》除已成專書者外，共收余先生序文三十八篇，「內篇」二十篇論學術，「外篇」十八篇議時政，彼此之間的一貫之道，用余先生自己的話來說，可謂「在自己所學所思的專門基礎上發展出一種對國家、社會、文化的時代關切感」。專業的學術研究與價值操守、文化關懷相互支援、有機結合，「如車之兩輪、鳥之兩翼」，既避免韋伯(Max Weber)所謂的「專家沒有靈魂」，又避免如晚明王學末流學養未逮而誤以「情識」為「良知」的感性揮灑和氣魄承當。這一點，正是儒家傳統「內聖外王連續體」精神氣質的現代體現。也正是因為對國家、社會和文化的時代關懷始終自然地由其深厚的學養和真誠的良知所發，余先生對於學術以及現實種種問題的分析評判，才精闢透徹之見迭出，令識者歎為觀止。

編者自二〇〇七年初至今，先後借客居臺北東吳大學以及哈佛大學之便，搜集余先生的各類序文。如今這部《會友集》，還只是余先生為他人論著所作的序文。余先生尚有諸多「自序」，對於學習和了解余先生自己的思想，極有幫助。希望在不久的將來，同樣將其結集出版，以饗讀者。《會友集》中若干篇序文的搜集，曾經得到黃進興、李明輝、金春峰、葉海煙、唐少傑諸位教授的幫助，特此致謝！一些難以獲致的序文，勞煩余先生親自查找，尤為銘感！

最後也是最重要的，對於余先生的信任，編者表示鄭重的感謝！

彭國翔

二〇〇八年一月六日謹記於美國麻州之 Belmont

臺灣版編後記

《會友集》二〇〇八年初由香港明報出版社初版時，我撰寫了一篇〈編後記〉。既是遵余先生之命，也是有感而發。

這次三民書局所出增訂版，不僅改正了初版時的一些誤植，更增加了十三篇文字。其中，〈熊式輝《海桑集》序〉（二〇〇八）、〈《周有光百歲口述》序〉（二〇〇八）、〈巫寧坤《孤琴》序〉（二〇〇八）、〈《天祿論叢》序〉（二〇〇九）、〈陳方正《繼承與叛逆》序〉（二〇〇八）、〈封從德《六四日記》序〉（二〇〇九）、〈孔捷生《血路 1989》序〉（二〇〇九）以及〈張充和《張充和詩書畫選》序〉（二〇〇九）這八篇文字，都是二〇〇八年至今余先生在港版《會友集》編輯出版之後撰寫的。港版未曾收錄而這次增訂版補入的二〇〇八年以前的序文，有〈阮銘《鄧小平帝國》序〉（一九九二）、〈阮銘《民主在臺灣》序〉（二〇〇〇）、〈《沉重的回首》序〉（二〇〇四）、〈阮銘《歷史的錯誤》序〉和〈周素子《右派情蹤》序〉（二〇〇七）五篇。這次增補，根據本書的結構，〈陳方正《繼承與叛逆》序〉、〈《天祿論叢》序〉和〈張充和《張充和詩書畫選》序〉補入「內篇」，其餘則補入「外篇」。內外篇中的各篇序文，都依寫作時間排序。

以上是增訂版《會友集》所收文字的基本情況，結合我在港版《會友集‧編後記》中的相關說明，對於余先生歷年來為他人論著所做序文的基本情況，讀者可有基本的瞭解。目前這部增訂版仍非余先生此類文字的全豹，如余先生在增訂版序中所說，「有些舊序一時尋不著，還有剛剛寫成的未刊稿現在還不便收入」，尤其是，此類文字余先生目前仍在不斷撰寫之中。不過，對於瞭解余先生的整體精神，包括其明確的價值方向、堅定的文化立場以及深廣的學術思想，我相信，本書所收文字已經可以使有心的讀者得以稍見宮牆之美了。

和撰寫《會友集》初版〈編後記〉一樣，在撰寫這篇〈增訂版編後記〉時，除了余先生為他人論著所作序文的大致情況以及文字編排方面的交代之外，我平素萌生的一些個人感想，也自然而然不免會形諸筆端。這一點，在初版《會友集》的〈編後記〉中已稍有所發。惟篇幅所限，不容全副吐露。這一次，我當然也不能在編後記這樣的體例中表達我對余先生其人其學的感受。不過，二〇〇六年底余先生獲得具有「人文諾貝爾獎」之稱的Kluge Prize時，我曾經有所觸發，寫過一篇〈當代儒家知識人的典範——余英時先生榮獲人文諾貝爾獎的啟示〉。該文曾以「人文諾貝爾獎的啟示」為題發表於《讀書》二〇〇七年一月號，可惜當時文字有所刪節。去歲我的論文集《儒家傳統與中國哲學——新世紀的回顧與前瞻》在大陸出版時，我曾將該文收入其中。這一次，三民書局編輯雅意請我為《會友集》增訂版再次撰寫一篇編後記，借此之便，我想將該文作為我這篇編後記的「附錄」，以表達我的一點個人感受。

最後我想說的是，余先生將本書的編輯之任全權委託於我，我要再一次鄭重感謝他對我的信任！

彭國翔

二〇一〇年八月六日於德國Bochum

附錄　當代儒家知識人的典範
——余英時先生榮獲人文諾貝爾獎的啟示

彭國翔

一、引言

或許由於本人是化學家的緣故，當初諾貝爾（一八三三——一八九六）臨終前決定以其遺產的一部分（九百二十萬美元）設立諾貝爾獎時，在物理、化學、生理或醫學、和平之外，人文學科中僅有文學一科。其後迄今，也只增加了經濟獎（一九六八）和地球獎（一九九〇）。前者授予在經濟學研究領域中做出重大貢獻的學者，後者則授予為環境保護做出重大貢獻的傑出人士。

由諾貝爾生活的十九世紀直到今天，可以說是一個科學技術在人類生活中不斷趨於強勢而人文學科日益退處邊緣的過程。西方世界既然如此，在「尊西人若帝天，視西籍若神聖」的整個二十世紀，東方以及中國自不免亦步亦趨。不過，作為人類自身經驗的反映，人文學科既然無論如何終究無法消失，其意義所在也就自然會有有識之士念茲在茲。非但直接從事人文學科領域的人士如此，其他行業如科技、工商、媒體以及娛樂領域亦不乏其人。由於科技、工商領域易於累積財富，其中有所成就而深明人文學科的價值和意義者，如果對人文領域提供資助，反而更加容易直接推動人文學領域的發展。美國電視巨頭約翰．克魯積 (John W. Kluge) 先生可以說正是這樣一位身在人文學科之外卻又頗具人文關懷的明達之士。

有鑑於諾貝爾獎中人文學科只有文學一項，約翰．克魯積於二〇〇〇年向美國國會圖書館捐款七千三百萬美元，設立「克魯積獎」(John W. Kluge Prize)，也稱為「約翰．克魯積人文與社會科學終身成就獎」，明確表示該獎項的目的在於彌補諾貝爾獎在人文領域的不足。因此，該獎涵蓋的學科就是歷史、哲學、政治學、人類學、社會學、宗教、文藝批評和語言學。無論在獎勵對象還是在遴選程序上，該獎幾乎都一如諾貝爾獎。獎勵的對象是那些在上述人文學科中辛勤耕耘多年、做出重大貢獻並獲得舉世公認的傑出學者，其國籍和寫作的語種不限。遴選的範圍也是覆蓋全球，完全是「千裏挑一」。二〇〇三年第一屆克魯積獎授予了波蘭哲學家柯拉柯夫斯基（Leszek Kolakowski），二〇〇四年授予了美國耶魯大學歷史學家帕利坎（Jaroslav Pelikan）和法國哲學家利科（Paul Ricoeur）。去年（二〇〇五）該獎空缺。就在上週三（二〇〇六年十一月十五日），美國國會圖書館正式宣布，經過全球多所大學的校長、研究機構的負責人以及眾多傑出學者和知識人組成的不同層次的委員會對全球二千多位獲得提名的候選人的層層篩選，今年（二〇〇六）該獎最終授予了普林斯頓大學榮休教授余英時先生和杜克大學的榮休教授佛蘭克林（John Hope Franklin）。後者今年九十一歲高齡，專治美國黑人史。余英時先生則今年壽屆七十六歲，在海內外研究中國思想文化的廣大學者群中一直享有盛譽。

在海內外的整個華人世界中，獲得諾貝爾獎歷來被視為最高榮譽。以往獲此殊榮的華人學者共有八位，依時間順序為楊振寧和李政道（一九五七年兩人共同獲物理學獎）、丁肇中（一九七六年獲物理學獎）、李遠哲（一九八六年獲化學獎）、達賴喇嘛（一九八九年獲和平獎）、朱棣文（一九九七年獲物理學獎）、崔琦（一九九八年獲物理學獎）、高行健（二〇〇〇年獲文學獎）。其中，除了達賴喇嘛的和平獎和高行健的文學獎之外，全屬科學領域。因此，對於被公認為人文諾貝爾獎的克魯積獎來說，余英時先生作為第一位華人學者以精研中國思想文化史獲此大獎和殊榮，尤具深遠的意義。全球華人為之歡欣鼓舞，自在情理之中。而如今我們中國大陸的人文學者，則更應當深思這一盛事給予我們的啟示。當然，啟示云者，或許不免見仁見智。但以下主要相關於中國大陸境況的幾點看法，筆者以為未必全屬個人的私見，相信會是若干同道的共識。

二、全球語境中的中文寫作

首先我們應當思考的，是全球語境中的中文寫作問題。雖然隨著中國經濟的快速增長，中文目前在西方漸受青睞。國家「漢辦」在全球以「孔子學院」的方式推廣漢語，也是這一背景下的舉措。但是，這決不意味著中文已經處於強勢。即便在整個中文世界，如果說受過高等教育者尤其知識階層對英文目前或至少十年之內仍然趨之若鶩，恐怕毫不為過。

事實上，在中國大陸的人文學界甚至中國傳統文史哲的領域中，英文能力也成為各種評價機制和學者各方面勝出的一項非常重要的指標。從學術研究的角度來說，具備多種語文能力當然是成為世界範圍內一線學者的必要條件之一。即便是中國傳統文史哲的學問，也早已不再是專屬中國學者的領地，歐美與日本等中文世界以外的地區都不乏精通「漢學」和「中國學」的大師。如果不能對那些海外漢學大師以及更多研究者以其自身語言寫作的有關「中國」的研究成果消化吸收，勢必畫地為牢而難有大成。這一點，並不是什麼高深的道理，不過是從事學術研究必須具備的基本自覺而已。也因此，相信和筆者一樣，所有具備這一基本自覺的人文學者，都決不會反對儘可能廣泛、深入地掌握外文以為研究工作之便。

然而，當前的問題是，不少人在「櫝」和「珠」之間，未免本末倒置，在幾乎構成近代以來國人文化心理結構的「一切唯泰西是舉」這一心態下，無形中成了「語言形式決定論」者，以為凡以外文撰著者，皆當較中文著作更具價值。殊不知，至少就學術研究的水準而言，關鍵並不在於語言文字的「形式」，而實在於其「內容」，所謂「言之有物」。是否「有物」以及「物」的精良與否，較之以何種語言文字來「言之」，是遠為重要的。這一點，從余英時先生此次獲得人文諾貝爾獎來看，足以為證。余先生雖不乏英文作品，如《東漢生死觀》（*Views of Life and Death in Later Han China*, Doctoral Dissertation, Harvard University, 1962）、《漢代貿易擴張》（*Trade and Expansion in Han China: A Study in the Structure of Sino-Barbarian Economic Relations*, Berkeley, Ca.: University of California Press, 1967）、〈魂兮歸來：佛教傳入中國之前靈魂與來生觀念的演變〉（O Soul, Come Back! A Study in the Changing Conceptions of the Soul and Afterlife in Pre-Buddhist China, *Harvard Journal of Asiatic Studies*, 47:2, December 1987, pp. 363–395）等[1]。但八十年代以來，余先生頗多自覺運用中文著述。因此，很多人尤其華人學者都認為，此次大獎頒給余先生，是對中文寫作的充分肯定。正如國會圖書館正式發布消息時所謂：「在整個中文世界，包括中國大陸、香港、臺灣以及東亞的其他各個國家，其著作被廣泛閱讀和討論。」其中還特別提到余先生的中文近著《朱熹的歷史世界》。余先生自己也謙稱：「這個獎是對所有中國知

1《東漢生死觀》和《漢代貿易擴張》兩書二〇〇五年都由上海古籍出版社出版了中譯本。〈魂兮歸來〉一文的中譯也收入了中譯本《東漢生死觀》一書中。

識人的肯定，尤其肯定了以中文從事學術著述的地位與重要性。」

不過，如果我們再往深一層看的話，我想語言仍然尚在其次。以中文寫作者，全球而言可謂多矣，為何單單是余先生以中文寫作首次獲得克魯積大獎的桂冠？竊以為畢竟不是語言文字本身，而仍在於語言文字背後人文學術研究自身的「含金量」。對此，美國國會圖書館館長畢靈頓 (James H. Billington) 在宣布余先生獲獎時對其學問的盛讚可為注腳，所謂：「余博士的學術顯然極為深廣，他對中國歷史、思想和文化的研究已經跨越了許多學科、歷史階段和課題。並且，他也以深刻的方式對人性問題進行了檢討。」正是由於博大精深的學識，余英時先生早已望重海內外士林。這次獲獎，其實不過是實至名歸而已。

如此看來，為中文寫作在全球語境中地位提升而感到振奮的同時，我們又不可因民族自豪感的提高而過分留情眷注於語言文字本身。問題的重點在於，著書立說的關鍵畢竟在於能否提供真知灼見。否則的話，無論運用何種語言文字，都難以在諸如諾貝爾獎和克魯積獎這樣嚴格、公正的評選系統中勝出，從而獲得世界範圍內有識之士的真正認可。這一點，應當是余英時先生榮獲人文諾貝爾獎給我們的第一點啟示。

三、如何作一個真正的知識人

第二點值得我們思考的，是當今之世如何作為一個「公共知識人」（public intellectual，亦譯「公共知識分子」）而發揮作用的問題。克魯積獎在正式發布消息介紹余英時先生得獎時，還有這樣一段描述：「通過深入原始文獻，他將儒學遺產從諷刺與忽略中挽救出來，並在『文革』之後一直激勵著更為年輕一代的學者去重新發現中國文化的豐富與多樣。」此外，其中也特別提到，余先生的影響遠遠超出了專業的學術領域而深入整個中文世界的人文領域，是「在中國和美國都最具影響力的華裔知識人」。即以整個中文世界為例，八十年代以來，所有人文與社會科學專業學術與業餘愛好者，幾無不受余先生著作啟蒙者。如果說「公共知識人」的主要特點即在於「關心政治、參與社會、投身文化」，那麼，余先生無疑是一位當代的「公共知識人」。並且，作為一位「公共知識人」，余先生還具有鮮明的價值立場，那就是「以天下為己任」的儒家精神氣質。事實上，「公共知識人」這一翻譯語中所反映的「公共性」的涵義，在中國古代傳統中正是「天下」一詞。所謂「天下為公」，

「天下」一詞所代表的對個人、小群體私利的超越，也正是儒家的價值立場與終極關懷所在。用孟子的話來表達儒家公共知識人的這種立場和關懷，就是「思天下之民，匹夫匹婦有不被堯舜之澤者，若己推而內之溝中，其自任以天下之重如此」（《孟子．萬章上》）。

對於「公共知識人」與一般專業知識人之間的不同，余先生曾在其《士與中國文化》一書的〈自序〉中講得很清楚：

> 這種特殊涵義的知識人（按：即公共知識人）首先必須是以某種知識技能為專業的人；他可以是教師、新聞工作者、律師、藝術家、文學家、工程師、科學家或任何其他行業的腦力勞動者。但是如果他的全部興趣始終限於職業範圍之內，那麼他仍然沒有具備知識人（指公共知識人）的充足條件。根據西方學術界的一般理解，所謂「知識人」，除了獻身於專業工作以外，同時還必須深切地關懷著國家、社會以至世界上一切有關公共利害之事，而且這種關懷又必須是超越於個人的私利之上的。[2]

2 余英時《士與中國文化》（上海，上海人民，一九八七），〈自序〉，頁二。按：此書一九八七年版仍用在余先生看來，如果不能「深切地關懷著國家、社會以至世界上一切有關公共利害之事，而且這種關懷又必須是超越於個人的私利之上的」，嚴格而論頂多是「知識從業員」，其實並不能稱之為「知識人」。換言之，對余先生而言，真正的「知識人」必須是「公共知識人」。

在當今媒體和網路的時代，「關懷國家、社會以至世界上一切有關公共利害之事」顯然較之以往更為容易了。但是，這裏所謂「容易」，僅僅指更為容易地使個人意見進入公共領域。至於是否能夠在「超越於個人的私利之上」這一「必須」的前提之下，似乎歷來都不那麼容易。如今，則問題更大了。「公共知識人」自然是要在「公共領域」產生影響，而報紙、電視、廣播等媒體以及足以讓人產生「天涯若比鄰」之感的網路，目前儼然構成公共領域的主要載體。但是，那些熱中於在媒體網路拋頭露面、動輒發表議論的人士是否就是

以往約定俗成之稱作「知識分子」，但余先生二〇〇一年以後不再使用「知識分子」，而改用「知識人」一詞，其意在突顯人之為人的尊嚴和主體性，不使之淪為「分子」。因此，二〇〇三年新版《士與中國文化》中即將原來的「知識分子」一律改為「知識人」。

「公共知識人」？或者說，我們需要思考的是，在如今眾口喧騰、意見多多的世界中，究竟如何做一個真正的公共知識人？

筆者以為，公共知識人首先必得是某一專業領域的深造自得者，否則，是沒有資格在相關問題上「指點江山、激揚文字」的。上引余先生《士與中國文化·自序》中的文字重在強調「以天下為己任」的政治社會關懷，但其一開始亦表示公共知識人「首先必須是以某種知識技能為專業的人」。在如今「道術為天下裂」、專業分工日益細密的情況下，這一點尤為重要。如果一個知識人不顧自己的學術訓練，動輒在各種領域裏和問題上發表意見並訴諸公共空間，以「通人」自居，或面對專業人士的批評動輒以「個人心得」為遁詞，則即便其在某一領域有所建立，最終也不免會淪為布爾迪厄(**Pierre Bourdieu**)所謂的「媒體知識人」。這種「媒體知識人」「既無批判意識，也無專業才能和道德信念，卻在現實的一切問題上表態，因而幾乎總是與現存秩序合拍」(布爾迪厄著、桂裕芳譯《自由交流》，北京，三聯，一九九六，頁五一)。道理很簡單，無論怎樣的聰明才智之士，其時間、精力畢竟有限，若終日耳目、心神外弛，對各種問題都要回應，只能淺嘗輒止而難以鞭辟入裏，最後勢必連自己原本有所立足的領域都要喪失。至於那些無一專業領域足以依託卻喜談「打破學科界限」並善於媒體運作的人士，就更是典型的「媒體知識人」而與真正的「公共知識人」相去甚遠了。熱中於媒體「做秀」而刻意「推銷」自己者，既不能沉潛而真正有成，其追逐名利之心，不必「誅」而可知矣。與此相對照，余英時先生學問淹貫，不僅對從先秦到現代長達三千餘年的整個中國思想文化史各階段都有深入的研究，同時對西方的思想文化同樣也有深入的瞭解。就後者來說，如果我們讀過余英時先生二十世紀五十年代中期已經出版的一系列著作，如《近代文明的新趨勢》（一九五三年初版）、《民主制度的發展》（一九五四年初版）、《民主革命論》（一九五四年初版）以及《自由與平等之間》（一九五五年初版）等，即可知筆者所言不虛。而余先生中年以後眾多著作中處處顯示的對於西方思想文化史的熟知，以及自覺以之作為研究中國思想文化史的參照而非標準，則更是廣大讀者深有所感而無需筆者贅言的。余先生學問如此，卻仍然時常在行文中謙稱自己只是一個「學歷史的人」，「不能逾越歷史研究的學術紀律」，較之那些「株守一隅」卻「以為天下之美盡在己」者，境界與識見之高下，已不啻天淵，更遑論那些「媒體知識人」了。

事實上，只要是在學問上真正深造自得且有一貫的文化自覺與價值立場者，透過文字流傳，自然會對社會、政治發生深遠的影響力。余先生一九五〇年初離開中國大陸，除一九七八年的短期來訪之外，其他時間未再涉足中國大陸。但是，余先生的文字自從八十年代在大陸流傳以來，其影響日益深遠。去年三聯書店推出「余英時作品系列六種」，廣西師範大學同時出版「余英時文集」，今年已出齊十卷本，一時洛陽紙貴。國會圖書館發布克魯積獎得主消息時稱余英時先生為「在中國和美國都最具影響力的華裔知識人」，正是看到了余英時先生作為一位真正公共知識人所發揮的作用。余英時先生也確實具有強烈的現實關懷，正如他自己所謂：「一個知識人必須具有超越一己利害得失的精神，在自己所學所思的專門基礎上發展出一種對國家、社會、文化的時代關切感。」不過，余英時先生這種對「國家、社會、文化的時代關懷」，始終自然地發之於其深厚的學養。也唯其如此，他對於現實種種問題的分析評判，才決不同於那些媒體知識人的「隔靴搔癢」甚或「無病呻吟」，而精闢透徹之見迭出，常令識者為之擊節歎賞不已。余先生多年來一直潛心研究，從來與媒體保持一定距離，其寫作更不是為了趨時從眾。他曾戲言自己是「低調俱樂部之一員」，恰恰反映出一位真正知識人的操守。在當今這個喧囂的時代，能夠始終堅守學術崗位而不隨波逐流的人文學者，必定背後有其文化價值的立場，如此，其從事學術研究的動力方能源源不斷。其文化價值立場、又必然且自然地會發為相應的政治與社會關懷。至於那些善於「與世浮沉」、「拉幫結夥」且熱中於媒體拋頭露面者，既無「以天下為己任」之「心」，終無「審時度勢」之「力」。看似頗有公共知識人的形象，實則恰恰相反，不過逢場作戲、逐名求利而已。簡言之，來自於深造自得的真知灼見，必然深入人心，流傳廣泛而久遠。否則的話，無論怎樣「包裝」和「推銷」，充其量如「飄風」、「驟雨」（老子所謂「飄風不終朝，驟雨不終日」），博取外行一時的喝彩而已，難以贏得內行持久的肯定，最終更逃不過歷史的檢驗。所謂「終久大」與「竟浮沉」之別，正來自於公共知識人的「真」與「偽」之辨。學者何去何從，值得反省和深思。這一點，是余英時先生獲得人文諾貝爾獎給我們廣大人文學者尤其年輕一代的第二個啟示。

余英時先生此次榮獲人文諾貝爾大獎，無論從參與評獎的人士還是從瞭解余先生成就者的角度來看，都在情理之中。但對於余先生本人來說，卻屬意料之外。迄今為止，對於何人給他的提名以及他得獎過程中的有關環節，余先生都並不清楚。這固然反映了克魯積獎評選的客觀與公正，更說明該獎對余先生本人而言，實不過是一副產品。有固可喜，無亦欣然。余先生數十年來潛心學問、辛勤耕耘，完全以學術本身為其追求的目標。外在的榮譽和肯定，非其所慮。得獎之前，余先生正沉浸在《顧頡剛日記》的歷史世界中。獲獎的消息，絲毫沒有牽動其專注的心神。就在得獎之後的最近，余先生又完成了顧頡剛的研究。[3]世人往往只見人收穫，不問人耕耘，更以為耕耘者皆為求收穫。殊不知為學往往只有只問耕耘不問收穫，方才終能有所收穫。余先生此次獲獎，實可為儒家知識人的「為己之學」提供了極佳的佐證。真正投身學術並欲以之為終身志業的知識人，於此尤當三致意焉。

3 參見余英時《未盡的才情——從日記看顧頡剛的內心世界》（臺北，聯經，二〇〇七）。該書是余先生為《顧頡剛日記》所寫的序言，包括五個部分。第一部分討論顧頡剛的事業心及其與傅斯年的關係，第二部分討論顧頡剛與胡適的關係，第三部分討論顧頡剛與國民黨的關係，第四部分顯示顧頡剛一九四九——一九八〇年之間獨特的生活境遇，第五部分篇幅最長，討論了顧頡剛與譚慕愚之間綿延五十餘年的情緣。一般人甚至學者對顧頡剛的瞭解多半僅限於「古史辨」，於顧頡剛一生豐富的其他方面往往忽略。余先生此書可謂別開生面，使一個有血有肉、至情至性的顧頡剛躍然紙上。

中華文化十二講

錢穆　著

本書乃賓四先生初定居臺灣期間，在各軍事基地之演講辭，共十二篇，大體討論中華文化問題。賓四先生認為中華文化有其特殊之成就、意義與價值，縱使一時受人輕鄙，但就人類生命全體之前途而言，中華文化必有其再見光輝與發揚之一日。賓四先生一生崇敬國家民族之傳統文化，幾乎一如宗教信仰，頌讚或有過分處，批評他人或有偏激處，要之讀此一集，即可見中華文化影響之悠久偉大，實有難乎想像之處。

世界局勢與中國文化

錢穆　著

本書乃彙集三十年之散篇論文，共三十題，就其中一題，取名為《世界局勢與中國文化》，討論當前世界局勢之演變，及中國文化在此變動局勢中應如何自處之道。所涉方面甚廣，論題或大或小，或專或通。每題各申一義，而會合觀之，則彼此相通，不啻全書成一大論題，而義去一貫。其間各篇，雖因時立論，而自今讀之，亦無過時之感。因本書作者，本對世界局勢與中國文化，抱一堅定深入之信念，故因機解發，自有泉源混混，不擇地而出之致也。

黃　帝

錢穆　著

司馬遷《史記》敘述中國古代史，遠始黃帝，惟百家言黃帝，何者可定為真古史，司馬遷亦難判別。然古人言黃帝亦異於神話，蓋為各種傳說之總彙，本書即以此態度寫黃帝，以黃帝為始，彙集許多故事，接言堯、舜、禹、湯、文、武、周公，一脈相傳，透過古史傳說，勾勒其不凡的生命風貌。讀者不必據此為信史，然誠可以此推考中國古史真相，一探古代聖哲之精神。

中國古代思想史論

李澤厚 著

本書從剖析孔子仁學開始，論說了自先秦至明清的各種主要思潮、派別和人物。其中著重論證了中國的辨證法是「行動的」，而非「思辨的」。秦漢時期的「天人感應」宇宙觀；莊子、禪宗對人生作形上追求的美學；宋明理學則作為道德形而上學而具有重要價值，以及在明清時期思想中「治人」與「治法」已出現分離，象徵著傳統中國的政教合一制度動搖，思潮逐漸向近代靠近。

中國近代思想史論

李澤厚 著

本書收錄作者對近代中國自太平天國至辛亥革命時期各主要思潮和重要思想人物如康有為、譚嗣同、魯迅等的系統論述和細緻分析。首篇即從思想角度剖析，指出太平天國農民革命諸多規律性的現象，其後數篇乃對戊戌變法維新思想和人物的詳盡分疏。此外，對本世紀初知識者由愛國而革命的心路歷程以及梁啟超、王國維等人的獨特意義，都或詳或略了以點明和論述。

中國現代思想史論

李澤厚 著

本書以「啟蒙」與「救亡」的雙重變奏，作為解釋中國近現代思想史上許多錯綜複雜現象的基本線索，在學術界引起了巨大討論。

此外，本書以數十年的新文學歷程，以及「現代新儒家」等哲學論題，深入淺出地探討現代中國思想的爭議與價值，並或明或暗地顯現了本世紀中國六代知識分子的身影與坎坷的命運。

國家圖書館出版品預行編目資料

會友集（下）：余英時序文集／余英時著,彭國翔編.—
—二版一刷.——臺北市：三民，2023
冊；　公分.——（余英時作品）

ISBN 978-957-14-7512-7（上冊:平裝）
ISBN 978-957-14-7513-4（下冊:平裝）
1. 序跋

011.6　　111012708

余英時作品
會友集（下）——余英時序文集

作　者｜余英時
編　者｜彭國翔

發 行 人｜劉振強
出 版 者｜三民書局股份有限公司
地　址｜臺北市復興北路 386 號（復北門市）
臺北市重慶南路一段 61 號（重南門市）
電　話｜(02)25006600
網　址｜三民網路書店 https://www.sanmin.com.tw

出版日期｜增訂版一刷 2010 年 9 月
二版一刷 2023 年 1 月
書籍編號｜S811520
I S B N｜978-957-14-7513-4

三民書局